ITINÉRAIRE SPIRITUEUX

DU MÊME AUTEUR

LES POÈTES NÉO-LATINS EN EUROPE DU XIe AU XXe SIÈCLE *(bibliographie)*, Manoir de Pron, 1988.

LOUISE MICHEL, LÉGENDES ET CHANTS DE GESTES CANAQUES *(présentation)*. « Editions 1900 », 1988.

LES FASTES DE BACCHUS ET DE COMUS OU HISTOIRE DU BOIRE ET DU MANGER EN EUROPE, DE L'ANTIQUITÉ À NOS JOURS À TRAVERS LES LIVRES *(bibliographie)*, Belfond, 1989.

UNE BIBLIOTHÈQUE BACHIQUE *(bibliographie)*, Loudmer, 1993.

AUGUSTE POULET-MALASSIS. UN IMPRIMEUR SUR LE PARNASSE *(bibliographie)*, Manoir de Pron, 1996.

NIL ROUGE, *roman*. Le Cherche-Midi, 1999 ; Gallimard Folio, 2000. Prix René Fallet.

PERA PALAS, *roman*. Le Cherche-Midi, 2000.

RAMAGES ET PLUMAGES, UNE PETITE CORRESPONDANCE ORNITHOPHAGIQUE AVEC JIM HARRISON, Manoir de Pron, 2001.

PALOMAS CANYON, *roman*. Le Cherche-Midi, 2002.

SALAMI, *Photographies de Hans Gissinger*. Woodstock Editions, New York, 2001 ; Actes Sud / Le Rouergue. 2002.

LA VIE EST UN TANGO. *Chroniques musicales*. Flammarion, 2003.

RETOUR À ZORNHOF, roman. Grasset, 2001 (prix Erckmann-Chatrian, prix Découverte *Le Figaro Magazine*/Fouquet's, prix des Deux Magots).

GÉRARD OBERLÉ

ITINÉRAIRE SPIRITUEUX

BERNARD GRASSET
PARIS

De ce livre il a été fait un tirage de 30 exemplaires numérotés sur vergé, réservés à l'auteur.

ISBN (10) : 2-246-68291-6
ISBN : 978-2-246-68291-2

Pour Gilles Brézol †,
si loin mais toujours si près,

et pour Tristan Pimpaneau.

L'ivresse, comme la vigueur, est mère de la joie. Qu'est-ce que cela révèle ? Pourquoi l'ivresse n'engendre-t-elle pas la mélancolie ? Premièrement, parce que celle-ci émane du vrai et non du faux, et que l'ivresse permet d'oublier le vrai, et parce que la joie ne peut naître que de cet oubli. Deuxièmement, parce que les hommes à l'état de nature, c'est-à-dire connaissant une vigueur nettement supérieure à celle d'aujourd'hui, étaient faits pour être heureux, pour s'abandonner aux illusions, les voir et les sentir comme choses vives, physiques et présentes.

GIACOMO LEOPARDI.

Qui abuse boira :
l'espoir fait l'ivre,
et la bouteille devint.

SYLVAIN GOUDEMARE.

Le vingt et unième siècle sera spiritueux
ou ne sera pas.

CHARLES BUKOWSKI.

I

Les bouteilles et moi, c'est comme qui dirait une histoire de famille. Je ne m'étais jamais vraiment intéressé à la question. Mais récemment, dans des circonstances assez bouffonnes, j'ai été amené à faire cet aveu en public, sans le délayer le moins du monde. A croire que certaines vérités, les bonnes à dire comme les autres, demandent parfois un peu d'engrais burlesque pour éclore. Le parterre où s'est jouée la sotie n'était pourtant pas disposé pour accueillir des pitres. C'était un dîner officiel offert par un ambassadeur en clôture d'une rencontre d'écrivains européens et arabes dans un palais de la médina de Tunis, le genre de sauterie fashionable où je me sens aussi déplacé qu'un griffon nivernais dans un concours d'élégance canine.

Tout le gratin de la diplomatie en poste dans l'ancienne colonie phénicienne était de la fête, ambassadeurs, consuls, secrétaires à iceux attachés, agents diplomatiques et émissaires en tous genres, responsables culturels, hommes d'affaires, mécènes, dames de haut parage, d'honneur et aussi du temps jadis, idoinement sapées – médina oblige, de simarres et de gandouras.

Totalement inexpérimenté en ce qui concerne l'étiquette et peu rompu aux révérences proustiennes, je me suis laissé guider vers la place qui m'était réservée en serrant la louche à une ribambelle de personnages auxquels il aurait sans doute fallu donner de protocolaires *excellences*. Je ne me suis pas non plus écorché les lèvres à certains diamants, une raideur dorsale d'origine plébéienne m'interdisant le baisemain.

Chers amis, si un jour on vous entraîne dans un raout aussi classieux et que tel *my humble self*, pour employer la formule du facétieux détective chinois de Earl Biggers, vous ignorez les us et coutumes en vigueur dans les sphères diplomatiques, faites comme moi, faites simple. Appelez les hommes *monsieur* et les femmes *madame*. Ça marche aussi bien, surtout si vous avez la chance d'être écrivain ou artiste. On pardonne volontiers à cette engeance son ignorance du vocabulaire et des rites *ès qualités*. Les artistes sont des amuseurs, n'est-il point ? Et leurs Majestés ne demandent qu'à être bousculées de temps en temps. Je suis persuadé que Dieu le père lui-même, lassé des génuflexions et encensements, se déride parfois après quelques blasphèmes carabinés.

En voyant le menu, j'ai tout de suite compris que le repas serait interminable et impropre à satisfaire un palais exigeant. A tous les cuisiniers qui veulent régaler deux cents personnes, je me permettrai ce conseil : vous aussi, aimables rôtisseurs, tâchez donc à faire plus simple. Cessez de singer la haute cuisine gastronomique avec de ridicules contrefaçons décoratives. La cuisine tunisienne traditionnelle aurait suffi à mon bonheur, bien mieux que ces ducasseries prétentieuses et loupées, gargotées à la sauce vice-consulaire. Plus de deux cents convives, par tables de huit à douze : la morosité plombait lentement mais infailliblement l'atmosphère, une désolation que les trois musiciens arabes, luth, darbouka et flûte ne parvenaient pas à effacer.

Lorsque je suis fatigué, que j'ai faim et que je m'ennuie, il m'arrive de péter les plombs, surtout si la pitance et les flacons affichent macache bono et déboire.

Par égard pour l'adorable organisatrice italo-bretonne qui m'avait invité au colloque, j'ai ravalé ma rogne en faisant montre de la plus exquise *latafeh*, ce qui en arabe signifie « amabilité rehaussée de miséricorde ». On était loin des réjouissances orientales célébrées par Al-Jahiz dans *Le Livre des éloges des courtisanes et des éphèbes* où les *fityân* (jeunes gens voluptueux) passent leurs nuits en beuveries, galanteries et paillardises en compagnie d'esclaves chanteuses. La Tunisie a bien changé depuis les cocasseries et les extravagantes débauches recensées dans les *Délices des cœurs* par l'impertinent libertin Ahmad al-Tifachi, un conteur avec qui malheureusement je n'ai pu copiner, car il fleurissait au XIIIe siècle.

Pour dégeler un peu mes compagnons de

table, j'ai fait l'échanson, en gageant que les convenances les plus diplomatiques étaient solubles dans l'alcool.

Préfère un bon coup de pinard à tout l'Empire d'un Darius,
A la lampe d'Aladin et aux richesses de Crésus ;
Quand le soleil se lève, mieux vaut le baroud d'un ivrogne sans foi ni loi
Que les prières tonitruantes des bigots hypocrites.

ai-je déclamé en remplissant les verres, pensant qu'avec cette traduction approximative d'un quatrain d'Omar Khayyam, ils me prendraient pour un ribouldingueur d'espèce raffinée, un petit camarade tardif de « l'écolier limousin ». Vive les citations ! Longue vie à la cuistrerie apéritive ! En face de moi siégeait, comme dans un fauteuil plénipotentiaire, un brunet d'une trentaine d'années, spécimen viril et suave à la fois, avec cette distinction particulière des beaux gentilshommes de la Renaissance italienne, une espèce pour laquelle Michel-Ange s'est pâmé dans plus de trois cents poèmes d'amour. Je n'ai pas cuisiné cet éphémère compagnon de table pour savoir ce qu'il pensait de la passion du sculpteur pour le resplendissant Tomaso dei Cavalieri, ou ce qu'il faisait de son corps quand celui-ci devenait un peu moins diplomatique. En revanche, je lui ai demandé comment et pourquoi il était devenu attaché d'ambassade.

« Mon père et mon grand-père étaient diplomates. Chez nous, c'est une tradition familiale. »

Et là, patatras ! C'est sorti comme un diable d'une boîte à malice :

« Je comprends cela. Dans ma famille, c'est tout pareil. Mon père, mon grand-père et mon arrière-grand-père ont tous été buveurs. Et moi, j'ai toujours fait mon possible pour perpétuer la tradition. Je n'ai malheureusement pas de fils pour reprendre le flambeau ! »

Silence embarrassé pendant dix secondes. Un pedigree aussi torché détonnait quelque peu au milieu de ce beau linge. J'allais aggraver mon cas en voulant imputer mes propos aux quatre verres bus à jeun, lorsque ma voisine de droite, une petite quinquagénaire platine, compacte et jusqu'alors silencieuse, se tourne vers moi l'air grave. Très lentement, articulant chaque syllabe d'une voix étrangement crissante, comme si le mécanisme manquait d'huile, elle me fait :

« Monsieur, est-ce que vous êtes un alcoolique ?

— Si l'on évalue la question selon les limites autorisées par le code de la route, alors je vous dirai : oui madame, sans aucun doute !

— C'est vrrraiment merrrveilleux ! Moi aussi ! »

Puis elle éclate de rire en grinçant de plus en plus fort, lève le coude et porte un toast :

« A votrre santé, cher parrtenaire et à tous les buveurs de la terre ! »

Me vinrent alors en mémoire les vers d'Angot de l'Eperonnière, un ancien poète de style Louis XIII :

Non, non, bonnes gens je vous prie
Ne croyez pas qu'en ce banquet,
La bonne femme soit marrie
De l'excès du vin qu'on y fait.

Comme nous n'avons pas été présentés, je demande à ma voisine si elle est romancière.

« Rromancierre ? Pas du tout ! Je suis l'ambassadrice de... »

La crécelle dodue représentait une nation où l'on trinque avec de l'aquavit à la mémoire des Vikings. Territoires crépusculaires où jamais on ne vit cep, mais où ça « barda » longtemps au son des harpes scaldiques. Landes glacées, terre des *Niebelungen* et des *Eddas*, royaume du coléreux et imposant Thor, du cupide et rustaud Thrym, des plaintives et larmoyantes Gudhrun et Brunehilde.

Et nous voilà, compère et commère de joie, embarqués sur le même drakkar, à comparer les aptitudes respectives de l'aquavit, de la vodka et du vieux genièvre à cortéger vers le jabot les mirifiques variétés de harengs que l'on déguste dans les vieux ports hanséatiques. Au sujet de ce fretin pas menu, une digression historique sur un usage pénal très particulier du hareng dans l'ancienne Russie tsariste, qui sans doute ne fut pas le plus suave des régimes : le supplice du hareng. En Sibérie, pour faire causer les déportés, les agents du Tsar les enfermaient plusieurs jours dans un réduit surchauffé avec des harengs saurs pour seule pitance et pas une goutte d'eau. Alors que les prisonniers n'ont même plus la force de mourir tant le supplice est terrible, les bourreaux les traînaient devant la commission chargée de les interroger. La séance avait lieu de nuit, dans une salle à manger luxueuse où s'étalaient des plateaux chargés de vins, de boissons rafraîchissantes et de fruits. La soif donnait de meilleurs résultats que la faim, aussi, très vite, la plupart de ces malheureux « se mettaient à table », si vous me permettez cette métaphore flicarde. « Telle est la férocité des agents russes lorsqu'elle s'exerce sur de pauvres Polonais, coupables de trop aimer l'indépendance de leur patrie » a écrit un auteur russe ayant connu les rigueurs de l'exil sibérien.

A notre table, personne n'avait jamais entendu parler de ce genre de séchage. Oubliant qu'il ne fallait jamais mêler politique et casse-croûte, un attaché peu diplomatique s'apprêtait à comparer le régime tsariste aux atrocités staliniennes. Je l'ai interrompu en ramenant la conversation sur les bienfaits d'une cure uvale en énumérant tous les crus bourguignons, au grand soulagement de ma commère crécelle qui, pas plus que moi, ne voulait entendre parler goulag et rééducation idéologique.

Le bel Italien, de plus en plus figé dans sa muette dignité, ne partageait guère notre enthousiasme bachique.

« A propos d'œnolisme romain, saviez-vous, jeune homme, qu'un de vos papes avait défuncté par cirrhose ?

— J'espère, Monsieur, que vous plaisantez ?

— Pas le moins du monde, par saint Pierre ! Il s'agit du cardinal Jules Rospigliosi, alias Clément IX. Rassurez-vous, votre père ni votre grand-père ne l'ont connu. Il pontifia au XVIIe siècle, quelques mois seulement, juste après Alexandre III. Cet homme affable, amateur de vin et de poésie, joua un rôle très important dans le traité d'Aix-la-Chapelle. Il essaya en vain de sauver Candie assiégée par les Turcs. Le chagrin qu'il en conçut le fit boire davantage. Quelques mois après la prise de Candie, le saint homme s'en alla, pour l'éternité, vendanger dans les vignes du Seigneur. »

L'anecdote fit glousser ma voisine. J'en conclus qu'elle n'était pas papiste. Mais trêve de digressions, patients lecteurs, je vous quitte après ce chapitre qui ne devait être qu'un petit hors-d'œuvre et m'en vas, stylo rebouché, déboucher une bouteille de vieux châteauneuf-du-pape à votre santé et à la mémoire de l'aimable pape Clément IX. Sa plénitude profonde va m'aider à bien dormir. Je vous souhaite la bonne nuit.

II

« Une histoire de famille », ai-je dit, pour qualifier familièrement l'atavisme spiritueux qui caractérise la mienne.

L'été dernier, Robert de Goulaine, un gentilhomme au nom délicieusement gouleyant qui, dans son fief de Goulaine près de Nantes, élève des papillons et des vins, m'a raconté que sa grand-mère Anne s'était constitué une cave d'eaux bénites. Chaque flacon portait l'étiquette des pèlerinages qu'elle avait accomplis : Lourdes 1945, Fatima 1947, La Salette 1949, etc. J'ignore si la pieuse comtesse se médicamentait l'âme et les rhumatismes avec tous ces sirops d'ablette consacrés. Pour autant, son petit-fils ne semble pas grenouiller dévotement dans les bénitiers. Je me souviens d'un muscadet de sa façon, une cuvée incomparable, qu'il avait baptisée non point *Splendor Dei*, mais *Splendor Solis*. Mon ami Goulaine est l'auteur de quelques livres qui lui ressemblent : élégants, drôles et poétiques. L'un d'eux raconte les vins rares ou disparus.

Chez nous, on réservait la flotte à des usages uniquement externes : arroser les tomates, tremper la morue ou se débarbouiller le museau. Mes grands-pères, mes oncles et mon père datent d'une époque où, en Alsace-Lorraine, c'était la mode d'être bon chrétien, bon fils, bon mari et bon père. La pratique quotidienne de tant de vertus exigeait des compensations. Les dédommagements, on les cherchait chez le bistrotier, le bouilleur de cru et le brasseur.

Les deux branches de ma famille sont surgeons d'une vieille souche enracinée depuis plus de deux siècles à Dabo, un bourg forestier de la région de Lorraine qu'on appelle les Basses Vosges, non loin de Sarrebourg et de Phalsbourg. Montagnes couvertes de forêts naturelles, ballons hérissés de blocs de grès et de bancs de poudingues, roches géantes couronnées de châteaux médiévaux, dont les ruines gardent en mémoire les scènes de barbarie et de cruauté qui ont fait couler larmes et sang sous les Ottoniens, Hohenstaufen, Habsbourg, Ribeaupierre et autres comtes de Wurtemberg, cette région resta longtemps soumise à un imaginaire fantastique de ruines, de mystères et d'envoûtements. Cantons rudes et inhospitaliers, dont l'impression de sauvage horreur a durablement frappé les voyageurs.

En 1924, dans une monographie sur le comté de Dabo, Monsieur Huffel déclarait : « De nos jours encore, ce pays a conservé la réputation d'une région particulièrement sauvage et romanesque, d'un caractère spécial. Ses habitants, bûcherons, braconniers, contrebandiers, ses immenses forêts, ses souvenirs celtiques, gallo-romains, ont fait l'objet de nombreux récits au premier rang desquels se placent ceux des romanciers populaires Erckmann-Chatrian, dont les contes ont tant charmé l'enfance des hommes de ma génération. »

A peine mariés, mes parents ont quitté le nid daboisien pour un village alsacien dont la lumineuse et joyeuse ruralité contrastait avec la rudesse et l'isolement de leurs arpents natals. Je n'ai donc pas poussé à Dabo, mais c'est là, chez mes grands-parents, que j'ai passé toutes les vacances d'été, à l'âge encore tendre où tout s'imprime durablement. Enfant, j'étais envoûté par l'atmosphère de ce bourg, un mélange de fascination et d'épouvante, des pulsions mystérieuses. Une sensualité brutale, luxurieuse, crispante, germait sur ce terreau primitif. A cette époque, je ne déchiffrais pas encore les désirs obscurs, pourtant, avant que les poils me viennent, je pressentais que l'engeance rustaude respirant ici me léguerait son caractère escarpé, son goût pour le désordre et la godaille.

« Oh ! tous les vices, colère, luxure – magnifique, la luxure » clamait l'infernal adolescent ardennais.

Aussi loin que je remonte dans ma mémoire, il me semble que j'ai toujours barboté dans un univers n'ayant rien à voir avec le réel. Je percevais les paysages, les créatures et les individus qui m'entouraient comme des prolongements à mes lectures. J'ai appris à lire dans les vieux almanachs du *Messager boiteux*, puis j'ai dévoré tout ce qui tombait entre mes mains, avec une préférence pour les mythologies, les contes et récits fantastiques peuplés de géants, de fées, d'ogres et de sorcières, de dames blanches et de princes noirs, de chasseurs maudits et de séduisants bandits. A mon insu, la réalité revêtait les uniformes, hardes, guenilles et livrées des héros, dieux et vauriens du petit panthéon personnel que je m'étais bricolé au fil des lectures. Plus qu'aucun autre, le territoire forestier de Dabo se prêtait aux métamorphoses : rochers légendaires, cavernes secrètes, sapinières ténébreuses, landes, mares et clairières maléfiques, maisons forestières hantées, combes hostiles, un décor fabuleux dans lequel baugeait, gigotait, trimait, copulait et s'éteignait une communauté de transgresseurs, braconniers invétérés, bûcherons noueux, sorciers, cueilleuses de baies et de champignons, vachères folles hurlant dans les pâtures, poucets délurés et vagabonds patinés par les intempéries, valets dépravés, apprentis joueurs et tricheurs, bredins célestes, toute une faune drue et bigarrée en prise continuelle avec les forces de la nature, plus proche du panthéisme païen que de la religion catéchisée par le curé du village. Aujourd'hui, ces types seraient déclarés infréquentables, voire dangereux. Le camp de la confortable médiocrité qui sévit jusque dans les vallons les plus reculés aurait vite fait d'expédier en taule ou à l'asile toutes ces flamboyantes robustesses. Ces lascars avaient en commun d'être de grands caractères et d'incorrigibles piliers de bistrot. Leurs querelles, à mes yeux combats de héros et de dieux, n'étaient en réalité que rixes de cabaret, coups et blessures ordinaires, rivalités familiales ou bagarres entre chasseurs, braconniers et gardes-chasse. Depuis toujours, le gibier abonde dans les forêts de Dabo. Pendant l'annexion, le notable venait de Berlin avec sa *adelige Ehefrau*, coiffés de chapeaux verts à poils de blaireaux, pour tirer le coq de bruyère à la Hoube et sur les plateaux du Hengst.

★

Léon Kurtz, mon grand-père, était un personnage acerbe et taciturne, un homme du bois, au crâne aussi dur que les billes de hêtre dont il faisait ses sabots. Artisan honnête et soigneux, fervent liseur de bible, il pratiquait selon des observances qui s'apparentaient davantage à celles des anciens anabaptistes vosgiens qu'au catholicisme flexible et folklorique de la plupart des autres paroissiens. Patriarche autoritaire et ronchonneur, il ne riait jamais en famille et menait son équipage à coups de chapelets, de sentences et de commandements. Un de ses frangins, Friedel Kurtz, avait émigré à New York au début du XXe siècle et fait fortune comme armateur de bateaux de commerce. Nabab, mais fraternel, Friedel avait offert à Léon de grandes machines du Michigan pour fabriquer les sabots mécaniquement. Une nouveauté dans un canton archaïque où les artisans ne travaillaient qu'à la main. Une aubaine aussi, car la rentabilité de la saboterie mécanique assura un semblant d'aisance « industrielle » à ce fécond père de neuf enfants. Cela dit, prospérité ne rimait point avec oisiveté et aucun oisillon de cette copieuse couvée n'était autorisé à chasser le papillon après l'école. Dans le bruit assourdissant des machines, ma mère, comme ses frères et sœurs, a passé son enfance à noircir et lustrer des sabots. Le petit atelier, bas de plafond, surchauffé par un poêle nourri aux copeaux, offrait tous les désagréments d'une véritable usine. Il fallait hurler pour se comprendre. Pour cette raison, tous les Kurtz ont toujours parlé trop fort.

Ma grand-mère était une fourmi. Elle ne demandait qu'à se faire cigale, mais le vieux ne lui autorisait aucune relâche, aucune frivolité. Le racle-denier planquait les bénéfices pour ses seuls agréments : une collection de montres en or, des épingles de cravate ornées de pierres précieuses et de coûteux modèles réduits de locomotives et de machines à vapeur en cuivre. Il planquait ses trésors dans une grande armoire en noyer dont il gardait la clef à sa ceinture. Cette mystérieuse armoire qu'il n'ouvrait qu'en catimini recelait aussi une cave d'alcools blancs, car le bigot ne se rinçait pas à l'eau de Lourdes à l'instar de la comtesse de Goulaine. Il commençait toujours sa journée par une rasade de schnaps avalée à jeun et retournait plusieurs fois dans la journée vers le meuble à carburant pour s'en remettre une dose en guise de ressemelage. La gnôle était ingurgitée sous des prétextes thérapeutiques, une panacée supposée prévenir ou guérir toutes les indispositions. Dans les Vosges, on distillait tous les fruits et baies des prés, landes et bois. Du printemps à l'automne, femmes et enfants cueillaient sans relâche : jeunes pousses de sapin contre la toux, baies de sureau comme diurétique, framboises, myrtilles, mûres, prunes, quetsches, mirabelles pour je ne sais quels malaises, baies de sorbier pour la grippe, poires et nèfles sauvages, alises surettes pour les troubles digestifs, aubépine pour le cœur et la tension, prunelle comme tonifiant, baies de genévrier comme apéritif, celles du houx comme purgatif. Le vieux Sicambre aurait distillé des poireaux si quelque thaumaturge d'almanach avait célébré les vertus guérissantes de ces robustes liliacées.

Tu es seul le matin va venir
…
Et tu bois cet alcool brûlant comme ta vie
Ta vie que tu bois comme une eau de vie

Le vieillard sec et couenneux n'ondoyait sans doute pas ses rages contenues et ses désillusions entre deuils et ivresse comme l'enchanteur d'*Alcools*, mais quand je pense à lui, à sa mélancolie butée, mon verre se brise comme un éclat de rire et, parce qu'un peu de son sang rhénan coule en moi, je rumine entre regrets et nostalgie. J'étais trop jeune et trop émotif pour m'accorder avec un être verrouillé à ce point. Je ne voyais qu'une vieille carne incapable du moindre signe extérieur de tendresse. L'art d'être grand-père selon les critères hugoliens ne fleurissait pas rue du Château au début des années 50.

Longtemps après mes séjours d'enfant à Dabo, alors que ce Kurtz reposait déjà au cimetière, j'ai rencontré l'autre, le Kurtz du *Cœur des ténèbres*, le mystérieux et terrible solitaire déifié par les sauvages, qui refuse, agonisant, de quitter l'obscure forêt. Quand je songe à ces deux personnages farouches et à l'imaginaire forestier que ces indomptables incarnaient de façon magique, je regrette de n'avoir pas pris ce patronyme comme nom de plume.

Mais littérature que tout cela ! Revenons plutôt à la goutte d'antan. Je suis persuadé qu'on a mis du schnaps dans le lait de mon biberon, une mithridatisation pour ne pas hypothéquer mon avenir.

Le foyer Kurtz se composait d'une majorité de filles. Comme souvent dans les familles nombreuses, la moins séduisante entra dans les ordres. Toutes les autres, les ravissantes, s'envolèrent à leur majorité, ma mère pour l'Alsace, une de ses sœurs pour Nancy, les trois dernières pour Paris. Les garçons sont restés au village. Le vieux les colla à l'atelier à leur sortie de l'école primaire. Je n'ai pas connu le fils bien-aimé auquel on avait donné le prénom de l'oncle d'Amérique. Il s'est tué alors qu'il n'avait pas vingt ans sur la moto offerte par son père. Mon grand-père a toujours méprisé les automobilistes et ne se déplaçait qu'en Harley Davidson. Je crois que sa première Harley lui avait été offerte par son frère en même temps que les machines du Michigan. Quand je vivais à Dabo, il en possédait plusieurs, toutes munies d'un side-car, un grand pour livrer des centaines de paires de sabots dans les bazars et épiceries du plateau lorrain ou de la plaine d'Alsace et un joli petit bleu en forme de sabot pour trimbaler ma grand-mère le dimanche. Ces antiques Harley étaient des machines assourdissantes. Leurs pétarades infernales réveillaient tout le canton quand le père Léon partait en livraison avant l'aube. Emmitouflé dans une grasse veste de cuir doublée de fourrure, le visage masqué par de grosses lunettes, coiffé d'une casquette à visière, le vieux sabotier, moustache au vent et parfois moustache gelée, a sillonné par monts et par vaux dans un bruit de canonnade jusqu'à l'âge de quatre-vingts ans.

Le portrait du jeune Friedel, un blondinet au sourire suave, trop angélique sans doute pour respirer dans un univers aussi rude, a toujours orné le salon.

Mes deux autres oncles n'étaient pas taillés dans un bois aussi tendre. Je ne m'attarderai pas sur le plus fascinant, un propre-à-rien amoral et charmeur, buveur, noceur sans foi ni loi, méprisé par son père mais chéri par sa mère. J'ai tracé son portrait avec une nostalgie un peu trouble dans *Retour à Zornhof*.

A côté de ce prodigue, l'autre faisait figure de fils vertueux. Robuste, honnête, bûcheur increvable – le travail était une vertu cardinale dans cette région en ce temps-là – bon père de famille et bon fils aussi, puisqu'il fut le seul à rester dans l'atelier de saboterie. En réalité, le pauvre homme, souffre-douleur à plein temps, corvéable à merci, fut la victime de l'autorité et de la perversité de son père. Comme c'était le seul qui lui restait sous la main, le vieux se défoula. Le deuil du fils chéri, les ressentiments et rancœurs engendrés par la défection de tous les autres, et aussi, sans doute, la fin de la prospérité sabotière avaient changé peu à peu le taciturne patron en schnock aigri. Au lieu d'assurer à son fils un véritable salaire, il le faisait boire. Perfidement, insensiblement, il en fit un alcoolique incurable. Chaque fois que le malheureux essayait de lui faire comprendre qu'il avait une famille à nourrir, son négrier l'entraînait au salon « pour en discuter » et lui faisait ingurgiter une demi-bouteille d'eau-de-vie. Après plusieurs saisons de ce régime, le mal était fait. Il y eut bien quelques tentatives d'émancipation. Lorsque les chaussures bon marché eurent sonné le glas de la saboterie, mon oncle chercha du travail ailleurs, mais, bousillé par l'alcool, cet artisan qui n'avait produit que des galoches ne trouva jamais d'emploi stable. Esquinté, presque au bout du rouleau, il s'en retourna à l'atelier pour survivre avec la saboterie folklorique. Après la mort de son bourreau, quand Dabo devint une petite escale du tourisme vosgien, il vécut jusqu'à la fin de ses jours de petits sabots pyrogravés pour magasins de souvenirs.

⋆

Dans la famille de mon père également, l'alcool a expédié *ad patres* quelques pauvres diables d'oncles. Rentré du camp de prisonniers de Tambov où il fut gazé, le plus jeune n'a jamais su reprendre une vie organisée. Complètement détruit par l'alcool, il a trimardé pendant quelques années sur le plateau lorrain, avant de finir claque-dent dans je ne sais quelle morgue.

Ceux qui ont eu le courage ou la chance de quitter la région ont échappé à cette désolation. La plupart des autres se saoulaient par ennui. Contaminés dès leur adolescence par l'atmosphère obsidionale qui régnait dans ce patelin coupé du monde, ils ont abdiqué à l'âge des escampettes pour s'enfoncer petit à petit dans la désolation vernaculaire. La Lorraine d'autrefois ! Celle des « âmes grises », des brouillards tenaces, la Lorraine où même les vins sont gris, ce gris qui émane partout et se propage au fil des murs gris des maisons, gris mystérieux et transmissible, demi-deuil éternel laminant toutes les énergies. « Je crois qu'il y a des gens qui sont désespérés uniquement par le seul fait d'exister » disait Georg Büchner pour qualifier ce malaise. Je me garderai bien de philosopher plus longtemps sur cette grisaille. Cela dit, être gris veut aussi dire être fin saoul. L'éclaircie, on la trouve où l'on peut. En ce temps-là, le bûcheron et ses enfants ne demandaient pas au gouvernement de leur bricoler des loisirs organisés, et ça n'était pas kermesse tous les dimanches. Pour le réconfort ou l'évasion, une seule adresse : le bistrot. Au siècle d'Eugène Sue, on appelait ces établissements *débits de consolation*. On disait *consolation* pour eau-de-vie, superbe vocable pour qualifier, avec une éloquence navrante, ce que les pauvres cherchent dans un petit verre : l'oubli momentané de leur mistoufle.

III

Mon éducation de riboteur s'est faite au pif, naturellement et sans contraintes. J'ai appris à boire comme j'ai appris à lire, à manger, à cogiter, à débrouiller les énigmes génitales, c'est-à-dire à l'instinct et à la bonne franquette. Comme bien des enfants dont les parents travaillent, je n'ai pas été éduqué selon des critères pédagogiques cohérents. En revanche, j'ai toujours été bien nourri et, question arrosage, je me suis débrouillé seul dès que j'ai compris que la solution de ce problème résidait dans la somme de jouissance et d'excitation offerte par l'usage des boissons. Pur bonheur, j'étais né en Alsace, province joyeuse et prospère où les anciennes traditions ripailleuses survivaient aussi bien dans la bourgeoisie que dans le peuple.

★

Dans les années 50, Monswiller abritait un peu plus de mille âmes, bonnes pour la plupart, car nourries « au pain qui sert aux anges d'aliment » selon la belle formule eucharistique du cantique de Racine. Lieu de pèlerinage marial, le village semblait comblé de grâces particulières, faveurs gagnées par des siècles d'*Ave Maria*, d'hymnes à la Vierge et de ferventes processions. Nous habitions à côté de l'église, au premier étage d'une maison communale où ma mère tenait la cabine téléphonique. Dans ce pieux voisinage, j'ai poussé comme une fleur de Marie. L'état de grâce permanent ! Mes jeunes années étaient réglées par les trois angélus, les sonneries du clocher, les fugues et toccatas de l'orgue Silbermann qui giclaient des vitraux quand l'organiste s'en prenait à Bach, Reger ou Widor à grands coups de bombarde, trompette triomphale, nasard et larigot. Les catholiques d'antan étaient du genre processionnaire. Toutes les fêtes chômées du calendrier religieux et civil les précipitaient dans les rues pour défiler, bannières au vent, à grand renfort de cantiques et litanies : naïves rogations pour les jardins et les champs, Fêtes-Dieu ralliant derrière le dais du saint sacrement tout ce que la paroisse comptait de cliques, associations, confréries, chorales, clubs de gymnastique, enfants de Marie et fanfare des pompiers. Marmouset, j'ai endossé tous les accoutrements de ces solennelles mascarades : celui de l'angelot avec panier de pétales de roses et de pivoines qu'il fallait semer en gestes gracieux et à reculons devant le dais, celui du petit Baptiste bardé d'une guenille en peau de mouton et affublé d'une houlette de berger Watteau. Tour à tour choriste et enfant de chœur en soutanette écarlate et surplis brodé, j'ai servi les messes, balancé les encensoirs, porté les burettes, sonné les cloches et rossignolé vêpres et complies.

Faut dire que j'étais moulé pour ces emplois. Dans la catégorie bambino blond et bouclé, on ne pouvait trouver plus angélique sous les préaux des maternelles du canton de Saverne. Sainte Nitouche avec clignotants couleur nigelle de Damas, j'eusse haut la menotte gagné le concours du plus beau bébé Cadum 1950. Mais la compétition callipédique n'avait pas cours sur les berges de la Zorn.

Les francs succès, je les ai remportés devant les comptoirs. J'étais une véritable mascotte de bistrot, le petit-salé qu'on était fier d'exhiber devant les copains de buvettes. Certains paroissiens ne se tapaient la grand-messe du dimanche que pour la belote d'en face. Pour qu'on ne leur pique pas la table habituelle, ils s'éclipsaient en douce après la communion, sans attendre le cantique final ni la bourrasque des grandes orgues à la sortie du troupeau quand le bedeau en uniforme de lansquenet suisse, rapière au mollet, plumet au bicorne, battait la mesure à grands coups de canne et de hampe de hallebarde.

Peu d'enfants ont été autant que moi hissés devant les zincs et offerts à l'acclamation générale. J'étais joli et drôlet, deux qualités qui remplissaient de fierté mon père Oscar, pratiquant modéré mais beloteur fervent.

« C'est le tien ? demandaient ses partenaires.

— Ben oui, c'est le mien ! »

Selon les habitudes de langage d'alors, j'avais perdu mon prénom et n'étais plus désigné que par *Em Oscar sinner,* c'est-à-dire *celui d'Oscar.* L'appellation est moins joyeuse en traduction française que dans la version originale. Même règle lexicale pour les petites amies ! En cas de flirt notoire, elles étaient désignées par le nom du régulier. Christiane Acker qui laissait Simon Kuntz lui débiter fleurette, perdait son état civil en même temps que son petit capital et devenait pour tous *Em Simon sinn's,* celle à Simon.

Sans trêve, les poings cognaient la table en abattant des cartes maîtresses, et moi, gentiment, je dessinais des chiens, des araignées et des cigognes sur les ardoises à scores. Quand je passais à leur portée, les joueurs caressaient mes boucles ou ma joue, comme on touche une relique porte-chance. Lorsqu'ils gagnaient, ils m'embrassaient, me soulevaient de terre, me faisaient pirouetter au-dessus des tables et me récompensaient en bretzels que je trempais dans les bocks. Quand j'eus pigé que gri-gri pouvait devenir une profession, j'ai réclamé des pourcentages, en liquide évidemment. J'ai commencé au bas de l'échelle avec la limonade, avant de passer au panaché et un peu plus tard à la bière blonde non coupée. Ces précoces rinçages mettaient Oscar en gaieté.

« Je crois que mon fils est un peu paf. Je dois le ramener à la maison, sinon la mère va nous caresser l'échine avec le houssoir à tapis. »

Je jouais le jeu. On faisait semblant d'être cuits et, titubant sur la place de l'église, on s'arrêtait devant la fontaine publique pour lui reprocher de ne pisser que de l'eau. Puis nous nous écroulions au bas de l'escalier, laissant croire à la mère qu'on était incapables de monter les marches.

De nouveaux succès de cabaret sont venus s'ajouter à mon palmarès dès que je sus réciter des poèmes ou chanter des chansons. Aujourd'hui encore, je me rappelle quelques mirlitons de la maternelle, ânonnés sous la baguette d'une parvule bonne sœur, une sorte de musaraigne à cornette qui s'appelait fort congrûment Sœur Macrina. Deux autres frangines aux noms mérovingiens régentaient les classes supérieures, la sœur Bermonde, un chameau jaune et sec criblé de verrues, et l'exquise sœur Théolinde, poupine et rose comme une crémière d'imagerie populaire. Je me souviens d'un couplet niaiseux, style songe mystique pour nurserie, qui rimait ainsi :

Petit Jésus bonjour!
Bonjour, bonjour!
J'ai rêvé cette nuit
Que j'étais au Paradis
Mais ce n'est qu'un songe
La nuit m'a trompé
D'un si doux mensonge
Mon âme est attristée.

Dans un genre plus temporel et forestier, ce quatrain apitoyant qui fleure le Maurice Carême :

La biche brame au clair de lune
Et pleure à se fondre les yeux
Son petit faon délicieux
A disparu dans la nuit brune.

Avec trois poèmes, une bonne diction et du pathos, n'importe quel cabot de six carats passait pour un Wunderkind dans les troquets de l'époque. J'ai cabotiné. Ma mère qui toisait ces prestations avec lucidité et malice m'a dit plus tard : « A ta naissance, le médecin accoucheur t'a retourné et, tête en bas, t'a filé des claques sur le derrière. Je crois que t'as pris ça pour des applaudissements et depuis tu ne peux plus t'en passer ! »

Ma mère était bien trop jolie pour être heureuse. La petite ruralité alsacienne d'après guerre ne coïncidait pas avec ses gamberges. Dans le monde frivole, elle aurait resplendi. Gavée de romans-photos, elle aimait à plaire et ne demandait qu'à s'amuser un peu. Dans ce village, elle séduisait en dessous de ses moyens. Elle s'est ennuyée. Ne raffolant guère de compagnie féminine, elle ne se revigorait pas l'esprit à potiner, échanger des recettes ou à prendre le café avec des tricoteuses. Pour le dire brièvement, maman n'avait pas la vocation de ménagère et la puériculture ne faisait pas partie de ses distractions. J'ai profité de la situation, car elle me fichait la paix. La cabine téléphonique amenait tous les jours du monde sur notre palier. Je soupçonnais certains clients de ne se pointer que pour faire du gringue à la belle postière. Leurs coups de fil étaient sans doute bidon, mais ces marivaudages distrayaient maman et mettaient de la gaieté et du piquant dans son ordinaire.

Ces gracieux petits arrangements furent hélas mis à mal par le progrès, car le réseau téléphonique déroulait ses tentacules sans mollir. Quand la commune compta autant d'abonnés que de cocus, l'administration supprima les cabines téléphoniques privées. Les cabines publiques firent leur apparition, d'abord discrètes, planquées dans les cafés et les gares et plus tard omniprésentes, défigurant les plus jolis parages.

⋆

Les occasions de faire sauter le bouchon ou de tirer sur la pompe à bière étaient nombreuses. Le calendrier civil et religieux offrait quantité de fêtes arrosables. Contrairement à la grise ivrognerie lorraine, l'intempérance affichait des couleurs beaucoup plus gaies dans la plaine d'Alsace. Les Alsaciens ne buvaient pas pour oublier leurs misères, mais parce qu'ils avaient toujours quelque chose à fêter. La boisson était en quelque sorte inscrite dans le code civil de cette province.

Dans la *Vie et actions de Grangœchier et Pantagruel*, une adaptation alsacienne de Rabelais, Jean Fischart, l'extravagant pamphlétaire strasbourgeois du XVIe siècle, a compté cinquante-quatre prétextes de festivités en Alsace, qui allaient des fêtes religieuses aux fêtes de famille, sans oublier les fêtes populaires, les kermesses et les foires. En songeant à ma jeunesse, je me rends compte que les prétextes d'agapes n'avaient pas régressé au fil des siècles.

Entre les feuillets d'un vieux recueil de chansons populaires, j'ai trouvé récemment, comme marque-page, le menu d'un banquet de la Sainte-Barbe de la fin du XIXe siècle. Sainte Barbe, patronne des sapeurs-pompiers, était célébrée le 4 décembre avec ferveur et arrosage. Ce jour-là, on disait que les pompiers « éteignaient leur soif », une soif ardente sans doute, car le riesling coulait toute la nuit.

★

Le fléau de l'alcoolisme dans les classes ouvrières était pourtant stigmatisé dès l'école primaire. Je me souviens de tableaux pédagogiques montrant des foies monstrueux. Sous le gouvernement Guy Mollet, Mendès France avait prescrit le régime lacté aux enfants de France. Pendant la récréation du matin, on nous forçait à engidouiller un demi-litre de jus de vache. Aussi loin que je remonte dans ma mémoire, j'ai toujours eu le lait en horreur. Monsieur Mendès France a fortement contribué à transformer ma répugnance en phobie, car depuis la maternelle, ce liquide blanc, opaque, graisseux me soulève le cœur. Les métaphores du genre « terre de Canaan où coulent le lait et le miel », boire du petit-lait, doux comme le lait, ou le shakespearien « lait de la tendresse humaine » n'entreront jamais dans mon florilège comme symboles d'abondance et de douceur. Cette répulsion quasi pathologique a tourné à la mammophobie, un type de traumatisme perturbant quelque peu mes besognes avec les dames tétonnières. Pour en finir avec la question laitière, il me reste à confesser que je raffole des produits dérivés. Un plateau de fromages choisis et affinés par Jean-Yves Bordier de Saint-Malo, un phénix de la profession, une motte de chacun de ses trois beurres incomparables et j'entonne le cantique des cantiques du laitage. Les bonnes pâtes sympathisent volontiers avec les beaux flacons.

IV

Evoquer l'enfance est un exercice glissant pour les détenteurs de la carte Vermeil : avec la sape du temps ils se changent trop souvent en laudateurs du passé. Dans *Retour à Zornhof*, je m'étais risqué à l'autobiographie de mes sentiments, une sorte de salut d'un rescapé aux rêves de sa jeunesse, rêves pas complètement éteints, mais enfouis sous les cendres d'un feu qui couve toujours. Difficile, pour les nostalgiaques, de respirer dans le monde actuel. Dès que je m'y fourvoie et que je me frotte au « monde » et à ses masques, mon imagination se couche. Seule issue, le repli : quitter le bal, regagner ma thébaïde et rallumer les vieilles braises. Parmi mes lecteurs il s'en est peut-être trouvé qui dans leur nuit d'hiver ont été heureux de découvrir ces quelques tisons encore chauds sous les cendres. Assez pour un feu de joie, un petit rallumage de Saint-Jean sur leur propre brande.

Un écrivain parlant de « sentiments » est perçu comme un boutiquier faisant étalage de tripes, car dans ce monde où nul n'ose être lui-même, le cœur n'est plus coté. Depuis longtemps il a cessé d'être le guide de l'esprit. Dans la confusion des modes, des bienséances et des impostures qui règne chez les mondains euphoriques et les penseurs doctrinaires, il est difficile de faire entendre un cœur qui veille encore, obscurément. Cœur de Robinson avec un doux bagage de souvenirs sauvés du naufrage, mon île est un vieux parc rempli d'oiseaux, une maison riche de livres, d'amis, de fantômes, de songes et de vins. Là, tout ce qui fut continue d'exister. *Quod semel est imbuta recens servabit odorem testa diu*, disait mon vieil ami Flaccus, ce qui en langue vulgaire veut dire que les vieilles cruches gardent longtemps le parfum dont elles ont été imprégnées.

A propos des amphores et de leur contenu, fions-nous à l'ami de Mécène.

Lorsque Rome plia sous le pouvoir absolu, les caractères peu souples ont cherché dans la philosophie une excuse pour se retirer des affaires publiques, ou une consolation de s'en voir écartés. Les esprits sévères se réfugièrent dans le stoïcisme, mais Horace, de nature plus légère et plus joviale, préféra la voie épicurienne, les délices de la vie à la campagne, la poésie, les épanchements de l'amitié et les ivresses en bonne compagnie. La bouteille d'Horace est la mienne depuis longtemps, car jamais elle n'inspira de passions grossières. Chez ce connaisseur, le vin de Falerne n'a engendré que des louanges. Un buveur d'eau ne sera jamais poète, dit-il, car Bacchus a enrôlé tous les poètes, y compris Homère qualifié de *vinosus* dans une de ses épîtres. Je crois qu'il a vu juste. Mais gardons les poètes biberonneurs pour plus tard et portons un toast à l'ami Horace. *Nunc est bibendum!* Par cette injonction claironnante, il invitait les Romains à se réjouir de la mort de Cléopâtre et de la fin de la guerre d'Octavien et d'Antoine. Les occasions d'arroser la paix se font rares. Ce n'est pas une raison pour baisser le coude! Un de mes amis, que la situation internationale déprime de façon chronique, ne passe pas un jour sans répéter comme un refrain : « Putain, le monde est dans un état ! J'aime mieux ne pas y penser et aller me saouler un bon coup ! » Cet excellent garçon fournit la preuve que la réflexion peut parfaitement se concilier avec l'ivresse. Les pékins encartés me reprocheront sans doute ce jugement paradoxal. Tant pis, j'y vois une forme de sagesse. Au diable les faux inspirés qui posent en épicuriens et ne boivent que des tisanes et de l'eau, parlent d'amour et n'ont pas de déesse, évoquent des festins et vont se coucher à jeun. Ma garde rapprochée est composée de gaillards de feu et de flamme, des passionnés qui courtisent toutes les Muses, y compris la dixième. Quelle est cette dixième Muse ? demanderont ceux qui se contentent de la traditionnelle neuvaine. J'écris ton nom, dixième sœur des « hautes vierges égales », car tu es la plus éloquente de toutes, j'écris ton nom, Ivresse, et je suis ton féal. Ebrieuse Muse, régente de toutes les autres, tu exaltes en chacune ce que par excès de pudeur elles cachent un peu. C'est toi qui inspires le chant, mènes la danse, enfièvres l'éloquence et animes la comédie, c'est toi qui réveilles en fanfare les neuf vieilles filles engourdies sur le Parnasse. Pour te rendre grâces, je déclare avec Musset : « C'est toi, ma maîtresse et ma sœur ! » Cela dit, tout buveur qu'il était, Musset ne s'adressait qu'à Mademoiselle Erato.

Te voilà apologisée, sainte Ivresse. C'est assez pompeux, je l'avoue. Baudelaire a fait mieux, en plus limpide : « Il faut être toujours ivre. Tout est là : c'est l'unique question. Pour ne pas sentir l'horrible fardeau du Temps qui brise vos épaules et vous penche vers la terre, il faut vous enivrer sans trêve. Mais de quoi ? De vin, de poésie ou de vertu, à votre guise. Mais enivrez-vous. » De son commandement, je garde le vin et la poésie en abandonnant la vertu aux âmes moins flétries que la mienne. Lorsqu'elle est énoncée, la vertu fleure souvent le pharisaïsme. A l'instar du Mercure de Molière j'aime mieux un vice commode qu'une fatigante vertu. Amen !

★

Revenons à mon trajet spiritueux, itinéraire romanesque débordant, avec bamboulas et gueules de bois, roulis et tangages, voies solennelles et culs-de-sac, beaux accords et lourdes factures, blandices mystérieuses et brouillards de honte, soixante années de croisières où les vents ont soufflé comme des désirs en fête, avec des récifs où pleurent les sirènes, des ports illusoires et de nouveaux appareillages. J'écris depuis une dizaine d'années et j'ai vécu cette période en me remémorant divers épisodes de mon existence. Je ne fais que raconter le substrat capricieux de mes souvenirs. Depuis que j'écris, j'exploite ce trésor, je le recompose et ce que je délivre ne concerne que moi. A Luciana Capretti qui lui demandait pourquoi la majeure partie de son œuvre était autobiographique, Charles Bukowski répond : «Pourquoi est-ce que je mets mes propres chaussures le matin et non celles de quelqu'un d'autre ? Pourquoi est-ce que je rêve mes rêves à la place de ceux de mon voisin ? Je veux tout simplement fuir une réalité *commune* déformée par de faux besoins. Ma réalité n'est pas votre réalité. » Et comme la dame enchaînait sur l'alcool qui a ruiné la vie de nombreux écrivains américains, les Faulkner, London, Hemingway et O'Neill en lui demandant s'il ne craignait pas le même sort, il lui rive son clou en disant que ce n'est sans doute pas l'alcool qui a ruiné la carrière de ces écrivains, qu'il y a bien des choses capables de démolir un écrivain, des grandes choses ou bien une succession de petites choses, car la source de la créativité est très mystérieuse et qu'on n'en sait rien. Lui, en tous les cas, n'a jamais songé à arrêter la boisson. Il a découvert que c'était une fonction agréable, créative et sensée. A soixante-dix ans il avait bu plus de bibine que la plupart des gens n'avaient bu d'eau. Le naturel, si vous le chassez, revient, paraît-il, en galopant. Mais le surnaturel, si vous le congédiez, croyez-moi : il ne revient jamais. L'alcool est une potion magique, un fertilisant pour les esprits dégoûtés du terre à terre qui ont besoin de mettre du surnaturel dans leur vie. Nietzsche parle d'auteurs qui ne sont ni esprit, ni vin, mais esprits-de-vin, s'enflammant sans donner de chaleur. Je pense qu'il parlait de gendelettres qui ne boivent pas. Je ne connais pas les mœurs spiritueuses de tous ceux qui écrivent, mais j'ai le pressentiment que la sobriété absolue, sauf pour certains grands malades, ne sache inspirer autre chose qu'une littérature anorexique. Ne citons personne, mais on devine à la lecture les faiseurs qui ne caressent que des muses élevées au couvent. Pour ma part, je ne me sens en fraternité qu'avec les compères de la muse vagabonde, la fille de mauvais lieux, celle qui rit aux éclats dans les fumées du vin car elle aime le cabaret, la muse à Bibi, à Piron et Ponchon, celle de Charles de Coster et de Jean-Claude Pirotte.

Je n'ai malheureusement pas l'occasion de trinquer avec la plupart des poètes que j'aime, bon nombre gîtant chez les taupes, mais ces trépassés sont plus près de moi que bien des vivants et leurs livres sont comme un carnet de bonnes adresses que je consulte à loisir. Quand je serai assez vieux pour voir les choses comme elles sont réellement, il sera temps de tirer le rideau et de larguer les amarres. En attendant, je me couche tous les soirs après le coup de l'étrier, sans me soucier des grandes batailles, des débats d'idées, des courtoisies littéraires et des floralies sans parfum qui se déroulent dans les nouvelles académies médiatiques. Près de mon lit veille un vieux crâne auquel il ne manque que les deux tibias croisés pour que la « vanité » soit parfaite et je m'endors lucide sur l'échéance dernière. « S'escarmouche le monde en mille questions desquelles et le pour et le contre sont faux », disait Montaigne pour décrire l'absurdité universelle qui fait gigoter les actifs.

Ce soir, pour rester dans « l'arrière-boutique » de Montaigne, le coup de l'étrier s'appelle château-belair, pure merveille élevée par Pascal Delbeck. Ce vin va me conduire de la méditation au sommeil avec une souveraine tendresse.

V

Avant le probable avènement d'un nouveau régime de prohibition, quelques francs buveurs curieux et érudits devraient s'associer pour constituer un thésaurus des locutions françaises et dialectales qualifiant l'état d'ivresse. Il en est une, d'Alsace, qui m'a troublé lorsque je l'ai entendue pour la première fois : « Vise un peu celui-là, mon petit. On peut dire qu'il n'est pas seul », a fait l'épicière du village en pointant un homme qui chaloupait au milieu de la rue. Je ne comprenais pas, car le bonhomme tanguait en solo. « Si je te dis qu'il est pas tout seul, c'est qu'il en tient une, et une sacrée ! » Le mystère devenait encore plus impénétrable pour ma juvénile comprenette, mais je n'ai pas insisté. L'ivrogne valdinguait de plus en plus et lançait d'incompréhensibles invectives en pointant un doigt vers le ciel. S'il n'est pas tout seul, me suis-je dit, c'est qu'il se balade sans doute avec son ange gardien. Mon père affirmait souvent qu'il y avait des anges gardiens spécialement dévoués aux ivrognes. Dans mon enfance, les anges gardiens étaient considérés comme des membres de la famille, des sortes de grands frangins invisibles mais très présents. Après les prières du soir adressées à Dieu et à la Vierge pour les siens, les autres et les âmes du purgatoire, on en gardait toujours une petite dernière pour l'ange gardien. Les murs de ma chambre portaient divers chromos encadrés : une danse des Elfes près d'un étang de forêt sous la lune, Jésus adolescent parmi les docteurs du Temple, Mazeppa attaché nu sur son cheval et, juste au-dessus de mon petit lit, un ange moulé comme un Mercure grec vêtu de ses seules ailes de plumes, guidant un blondinet bouclé sur une passerelle dangereuse au-dessus d'un précipice. Je me reconnaissais un peu trop dans le bambin de cette image. Cette kitscherie troublait mes rêveries. Depuis, j'ai toujours associé anges et volupté, surtout lorsque j'ai constaté que certains séraphins avaient de bien étranges façons d'être anges.

Mais ceci nous emmènerait vers d'autres arpents. Remettons plutôt « le pied dans les vignes du Seigneur ». Comme bien des métaphores, l'expression date des excentricités baroques des XVIe et XVIIe siècles, quand les rhétoriques spirituelles et temporelles copulaient allègrement et que les prédicateurs loufoques rivalisaient à grand renfort d'images grotesques. Voici quelques joyeusetés que j'ai croisées dans mes expéditions : *La Tabatière spirituelle pour faire éternuer les âmes dévotes vers le Seigneur, les Allumettes du feu divin, le Petit rasoir des ornements mondains, la Seringue spirituelle pour les âmes constipées en dévotion, l'Eventail pour chasser les mouches du Purgatoire, la Pieuse alouette avec son tire-lire, la Boutique de l'apothicaire spirituelle, les Beaux Biscuits cuits dans le four de la charité et mis de côté pour les poulets de l'Eglise, les Moineaux de l'esprit et les douces hirondelles du Salut.* On ne s'en lasse pas ! Voici une bourriche de quelques autres, parfaitement authentiques, trouvées sous la plume de carmes zinzins et de capucins hallucinés : *Le Pique-bœuf des hérétiques, Le Petit chien de l'Evangile aboyant contre les erreurs de Luther, la Fournaise ardente et le Four de réverbère pour évaporer les prétendues eaux de Siloë, les Agrafes et œillets pour les culottes des croyants, les Souliers à hauts talons pour ceux qui ne sont que des nains dans la Sainteté* ou encore *les Lunettes sur la prunelle évangélique.* Un aveugle de naissance, originaire de Lübeck, a publié trois cents sonnets bibliques sous le titre de *Collyre spirituel.* Pourquoi bouder son plaisir ? Jean Massieux, un curé nantais, concocte en 1578 *La douce moelle et sauce friande des saints savoureux os de l'Avent.* A la même époque, un ascète à roulettes nous gratifie d'un *Décrottoir de Vanité*, de *Lunettes spirituelles* et d'un *Oreiller* tout aussi spirituel *pour extirper les vices et planter la vertu.* Je défie quiconque de se servir d'un oreiller pour extirper et planter.

A côté de ces mirifiques singularités, la métaphore *vignes du Seigneur* forgée par les prédicateurs à partir d'une parabole de Matthieu fait pauvrette. Toute mystique au départ, elle a rapidement fait son chemin pour qualifier des ivresses profanes. Longtemps, bitures et religion ont fait bon ménage. « Il n'y a pas de joie sans vin » dit le Talmud, des amphores accompagnaient les rois de l'ancienne Egypte dans leurs mausolées et, avant que l'Islam ne sombre dans l'aberration intégriste, les poètes arabes et persans ont chanté comme jamais la griserie spirituelle du spiritueux.

Est-ce parce que le pain, le sage, l'essentiel pain, ne possède pas le don féerique, voire... diabolique du vin que les mythologies lui ont refusé le dieu particulier qu'elles ont donné à l'autre ? Le règne de Cérès, au-delà du grain, s'étend à tout l'agricole, quand le seul raisin exigea Bacchus. Dans le symbole eucharistique, Christus a partagé le rôle sacré entre les deux espèces. Ce sympathique fabuliste nazaréen fut lui-même un prodigieux vigneron qui, aux noces de Cana, miracula le sirop d'ablette en pure syrah. Sans blasphémer davantage, mais parce que ce nectar sert aussi volontiers l'humour que la dévotion, permettez-moi, chers amis, de vous rapporter comment Norge, un ami poète qui me manque depuis quinze ans déjà, imagina ce phénomène à l'envers :

Un miracle, Un miracle, Un miracle !
Ils réclamaient cela sur l'air des lampions et le thaumaturge, pour faire plaisir à tout le monde, changea le vin en eau.
Mauvaise idée ! La vache, qu'on cria, le salaud, à la potence !
Dans les miracles aussi, il faut du doigté !

Un siècle plus tôt, un autre poète, Gérard de Nerval, qui faillit devenir propriétaire d'un carré de vignes à Montmartre, était persuadé dans son rêve viticole, que « Denis, Dionysos en grec, était une sorte de Bacchus ayant possédé trois corps, l'un enterré à Corinthe, un autre à Ratisbonne, le troisième à Montmartre ». L'une des étymologies supposées à « Montmartre » est « Mont des martyrs ». Parmi les légendes formées autour de saint Denis, l'une veut que cet évangélisateur des Gaules, mis sur le gril dans la cité, puis décapité dans un autre quartier, soit allé, sa tête sous le bras, laver celle-ci dans une fontaine près de l'actuel Moulin de la Galette.

Le Ténébreux qui modula *sur la lyre d'Orphée les soupirs de la sainte et les cris de la fée*, on l'imagine assez bien mêlant, dans une seule chimère, le grand chrétien supplicié et le dieu païen de l'ivresse. Villon, Parisien lui aussi, aurait certainement apprécié ce fabuleux enchevêtrement du profane et du sacré entre le mont Olympe et la butte Montmartre. Lui, c'est au mont Ararat qu'il situe la genèse du vin, puisqu'il écrit :

Père Noé qui plantâtes la vigne…

⋆

Faute de pouvoir sonder le mystère des origines du vin, nous les noyons dans le Déluge puis ressuscitons la vigne au sommet de l'Arménie ensoleillée. Que cela ne nous empêche pas de nous griser d'autres mythes et, pour ma part, celui que je préfère se trouve dans les *Dionysiaques* de Nonnos, poète égyptien du IVe siècle né à Panopolis sur la rive droite du Nil à mi-chemin d'Assiout et de Louqsor. Cette importante cité antique était la ville de Pan, dieu-satyre d'une insatiable vigueur sexuelle, inspirateur princeps de la peur « panique ». Lorsqu'il surgissait d'un bosquet en exhibant son formidable ithyphalle hircin, les nymphes et les pâtres détalaient à la vitesse des culs-blancs de garenne. Ce performant pointeur était un des acolytes de Bacchus. Ainsi, quand Nonnos choisit les triomphes de Bacchus pour son épopée, c'est un sujet patriotique qu'il traite, ou du moins l'origine du culte favori de sa ville natale. Pendant des siècles, Nonnos fut le mieux enfoui des aèdes grecs. Un manuscrit des *Dionysiaques* avait été déniché à Tarente en 1560 par le poète bibliophile hongrois Johannes Zsamboki, en latin Sambucus, un éternel étudiant voyageur qui, pendant plus de vingt ans, parcourut l'Europe à cheval en compagnie de Madel et Bombo, deux chiens qu'il adorait. Le célèbre typographe Plantin, Tourangeau établi en Belgique, se chargea d'imprimer Nonnos pour la première fois. C'était en 1569, mais il fallut attendre jusqu'en 1856 pour goûter les *Dionysiaques* en français. Tressons une couronne de lauriers au comte de Marcellus, l'érudit diplomate qui a passé plusieurs années à traduire les quelque dix-huit mille vers du Panopolitain, en rappelant ici que ce même Marcellus avait en 1820 enlevé de Milo la célèbre *Vénus victorieuse*, pour l'installer à Paris. Mais je digresse, je pédantise, je lambine ! Venons-en à l'origine de la première cuvée. Pour l'ami Nonnos, l'histoire est purement corydonesque. Alors qu'il chassait sur les collines de Phrygie, le jeune Bacchus fut proprement foudroyé par Ampélos, un adolescent de son âge « sans duvet au menton et dont la chevelure se déployait rejetée sur ses épaules éclatantes et se soulevait à la moindre haleine des vents. Sa tête, demi-dégagée de ses cheveux, resplendissait et son cou surgissait du sein des ondes, comme brille la Lune quand sa moitié perce les nuages humides des airs. Mais, lorsque ses grands yeux jetaient autour de lui leurs regards animés, c'était la Lune rayonnant tout entière. Enfin, une voix douce comme le miel s'échappait de sa bouche de rose ; il était le printemps ; et, quand il marchait, sous ses pieds argentés naissait une prairie émaillée». Seul un philopède hellenistico-nubien comme Nonnos ou un poète uraniste oxfordien des années 20 est capable de s'enthousiasmer pour un pastoureau avec un lyrisme aussi exalté.

Bacchus se déclare, Ampélos s'abandonne, les parents consentent et tout va pour le mieux dans les pâtures et bosquets d'Arcadie où dansent les silènes. «Les deux athlètes de l'amour s'avancent dans l'arène. Ampélos d'abord, serrant de son poignet celui de Bacchus, et le comprimant sous ses étreintes, unit par une double chaîne ses doigts entrelacés et presse la main droite de son adversaire qui s'y prête de bonne grâce; puis ils arrondissent leurs bras en guirlande autour de leurs reins, serrent leurs hanches de ces entrelacements mutuels, et étreignent leurs flancs d'un effort semblable. Dans leurs essais alternatifs, ils s'enlèvent de terre l'un l'autre et Bacchus croyait toucher à l'Olympe (le septième ciel des Grecs!) dans ce doux exercice qui lui donnait le double plaisir de soulever et d'être lui-même soulevé. Bientôt, à son tour, il passe ses bras autour des reins d'Ampélos et, le pressant de

ses mains amoureuses, il lui fait quitter le sol. Alors Ampélos frappe à propos le pli du jarret de Bacchus ; le dieu sourit à cette attaque du pied moelleux de son jeune antagoniste et se laisse tomber à la renverse, roulant çà et là : puis, étendu de tout son long, tandis que l'enfant sautait sur lui, le vaincu volontaire jouissait dans sa chute de soutenir le doux poids du vainqueur. Mais bientôt, raidissant un de ses pieds contre le sable, il se retourne sur le dos et, par sa résistance et ses secousses, tente de se dégager de l'amoureux fardeau. Mais l'habile lutteur s'élance obliquement sur ces reins révoltés, s'y attache, tend le bout de ses pieds contre les jarrets de son rival, presse en travers le milieu des flancs d'une double chaîne, et le tient fixé sous ses jambes roidies et sous ses genoux pliés… Enfin, tardivement dompté, bien qu'indomptable, Bacchus s'avoue complètement vaincu… »
Toutefois comme chacun sait, les histoires d'amour finissent souvent mal. Victime d'un terrible concours d'amour et de jalousie, le bel éphèbe est sauvagement tué par les cornes d'un taureau. Du sol fertilisé par le

sang d'Ampélos sortira la vigne et le sang du malheur deviendra philtre de joie universelle.

En grec, *vigne* se dit *ampelos*. Il a fallu beaucoup de courage et d'inspiration, au long des âges, pour réussir cet accomplissement ampélographique, l'apprivoisement de la sauvage ampélidacée à thyrses, à vrilles, à grappelettes, grimpante, retorse, danseuse, enlaceuse ; et pour l'amener à se mettre en rangs sous les ordres de l'homme, et à gonfler, sombres ou dorées, ses lourdes grappes à jus. Mes amis, ne lâchez jamais la grappe !

★

Homère ne parle que quarante-neuf fois du vin dans l'*Iliade*, et quatre-vingt-cinq fois dans l'*Odyssée*, une misère à côté des références vineuses de la Bible. Un curé bourguignon comme il en goupillonnait encore dans les vignobles au début du siècle dernier, le bienveillant abbé Krau, chargé d'âmes à Vosne Romanée, a compté plus de cinq cents allusions à la vigne et aux vignerons dans le Vieil et le Nouveau Testament.

Mais à quoi donc ressemble la vie d'un homme
qui ne boit pas ?
Le vin a été créé pour la joie des hommes.
Gaîté du cœur, joie de l'âme, voilà le vin
qu'on boit quand il faut et à satiété.

C'est Monsieur Ben Sirach, l'auteur de l'*Ecclésiastique*, un des livres sapientiaux de l'Ancien Testament qui dit cela, livre reconnu comme canonique par le concile de Trente.

★

Buvons, et louons maintenant les grands buveurs. Le royaume des dieux leur appartient, à ces célestes ivrognes que l'ivresse transfigure. Regardez-les ! *Impavidos ferient ruinae !* Les ruines du monde les trouveraient impassibles. Ils boivent et reboivent, boivent encore et leurs visages marqués soudain se figent en une expression de résignation quasi religieuse. Ils ont le regard des visionnaires, tantôt douloureux, tantôt éclairé par une sorte d'éblouissement extatique comme ceux des saints martyrs des images d'Epinal. L'épicière avait raison, l'ivrogne n'est jamais seul.

Il est habité par un esprit, l'esprit malicieux sommeillant dans les flacons comme le génie dans la lampe d'Aladin, qui se réveille au débouchage et ne s'évapore jamais complètement. L'ivrogne est ailleurs, comme les innocents et les grands rêveurs. « Mais bon sang, reviens donc sur terre ! » ordonnent ceux qui ne rêvent pas. Revenir sur terre ? Pour quoi faire ? Le retour sur terre est salement dégrisant quelquefois. La terre n'est pas un paradis pour les ivrognes. Un soir de débauche équinoxiale, un petit sergent de la Légion qui titubait devant un bar du vieux Kourou s'est mis à l'insulter, cette foutue terre, avec des accents presque shakespeariens : « Ah maudite terre, tu ne veux donc plus me porter ? Alors, tant pis pour toi, baise mon cul » qu'il gueulait avant de s'écrouler sur la piste de latérite. On l'appelait le Petit Lu parce que ce beurré permanent était originaire de Nantes.

Les grands ivrognes, ceux qui boivent tout le temps et ne font pas grand-chose d'autre, ceux qui jamais ne dessoûlent complètement, sont peut-être les derniers hommes libres. Mais j'entends déjà les hurlements des camelots de la pédagogie officielle, de l'ignorance gratuite et obligatoire, les sectateurs du *mens sana*, les socio-psys à la mords-moi le calibistri qui émargent au râtelier des cellules psychologiques, tous ces dictateurs de la vertu et de la tempérance subventionnés pour assommer le licheur, le fumeur et le trousseur à coups de sermons, de rapports et de menaces : « L'alcoolique n'est pas libre ! Il est, bien au contraire, prisonnier, esclave de son vice. » Pompeux imbéciles ! Allez donc vous noyer dans un verre d'eau minérale plate. Je n'ai pas prononcé le mot alcoolique, c'est vous, sèches gorgones des ligues de continence, c'est vous, foireux diafoirus en sobriété, qui parlez d'alcooliques et hurlez au loup. Moi je vous parle d'ivrognes, un vocable magnifique, qui s'écrivait *ivrongne* – parfaite anagramme de vigneron – au temps des poètes satyriques et baroques qui, contrairement à vous, prosateurs indigents et hypocrites, avaient l'élégance d'appeler un *chat* un *con* ! Chez ces poètes-là, Théophile, saint Amant, chez l'épineuse Muse de Robert Angot de l'Eperonnière, l'« Ivrongne » est véritablement cet homme libre qui, pour suivre Bacchus, oublie les pistoles et les écus, se moque de l'opinion des gens rangés et fait moins cas de ces fous que « d'ouïr son cul quand il pète », jure qu'il préfère mourir le nez dans un verre que de languir en famille ou de crever de soif à la guerre, fuit les soldats, greffiers, avocats et notaires, boit, pisse, saute et chante car jamais son âme n'est méchante. L'ivrogne, le saint ivrogne, peut gaillardement user de ses droits et le roi n'est pas son cousin. Il se fiche du trou dans l'ozone comme des pics de pollution, du choc pétrolier et des tsunamis. Peu lui chaut que Polichinelle soit le prochain président, que le Caque monte ou que le Naze-d'acc descende, que sa femme le trompe et que son vaurien de fils ne vaille rien. Libre, il vomit sur la table, libre il pisse au lit, il pète, rote et beugle à la face des bonnes gens. Libre aussi, il peut dans ses chausses chier et continuer de les porter sans s'essuyer, peu lui chaut gloire, Enfer et Paradis, car « si le vin était en Enfer, il ferait d'Enfer sa taverne ».

VI

J'ai longtemps vécu avec un bouledogue anglais alcoolique. Il s'appelait Andrew et n'aimait personne, sauf ma tante Marguerite qu'il considérait comme sa régulière parce qu'elle lui permettait trop souvent de gicler contre sa jambe. Quand je les surprenais, le mignapouf haletant continuait sa poussive besogne en me toisant avec un mépris tout ce qu'il y a de british. Je feignais d'être scandalisé par ces indécentes parties de quilles, mais à tous les coups, dans un alsacien imagé, ma tante me jetait au nez mes propres dévergondages avant de s'apitoyer sur son favori : « Pauvre Andrew ! Je voudrais bien te voir à sa place. Il serait temps que tu lui présentes une femelle. »

Comme son nom l'indique, du moins pour les latinistes, ma tante Marguerite était une perle. Elle confectionnait des tartes aux pommes de qualité surfine, repassait mes chemises et culottes avec le soin réservé au beau linge, ne manquait jamais la messe dominicale car, totalement inapte à réformer les mœurs dissolues de mon corps, elle avait décidé, avec l'aide de Dieu, de sauver mon âme. Taquiner ma tante fut pendant des années un de mes passe-temps favoris : « Et tu crois que ton bon Dieu de bon Dieu est ravi de voir dans son église une paroissienne qui passe son temps à branler le chien ?

— Bien sûr ! qu'elle me fait, car le bon Dieu est bien plus miséricordieux et intelligent que toi. Lui et sa servante nous comprenons Andrew ! »

Une dernière anecdote avant que la messe soit dite. Elle colle à merveille au propos de ce livre. A l'époque où ma tante villégiaturait sur mes arpents nivernais, l'église du village était desservie par un curé qui ne se contentait pas du seul vin de messe. Il fut, pendant des lustres, aumônier du Tour de France cycliste, un sport qui, avant le dopage pharmaceutique, fonctionnait traditionnellement à l'opium du peuple avec force médailles, scapulaires et signes de croix.

La retraite fut fatale au confesseur de Louison Bobet et de Bernard Hinault. Privé de Grande Boucle, l'abbé joua « mon curé chez les vignerons » avec une ferveur qui s'accentua d'année en année pour passer du coup dans l'aile à la franche soûlographie, puis de la cirrhose au coma éthylique. Il était adoré de ses paroissiens qui le traitaient avec l'indulgence joviale que l'on témoigne aux ivrognes. Un prédicateur bourré menace rarement ses ouailles du feu de l'Enfer ! Tous les dimanches, en revenant de l'office, ma tante nous communiquait une sorte de bulletin de santé paroissial : « Aujourd'hui c'était rapide. Monsieur le Curé n'était pas à jeun. Il a oublié la moitié de son texte. Le sermon a duré trois minutes et, juste après la communion, il nous a fait déguerpir en gueulant *Tirez-vous, la messe est finie.* » J'ai expliqué à la fidèle que la formule n'était après tout que la traduction d'*Ite missa est* de l'ancienne messe en latin. Un jour la tata est rentrée en catastrophe : « Là, tout de même, il a exagéré. Il est arrivé à l'autel en titubant et avant de pouvoir dire *Gloire à Dieu au plus haut des cieux*, il s'est écroulé sur l'autel en vomissant les pastis qu'il avait bus avant la messe. »

Je ne suis plus client du clergé depuis longtemps, considérant que mes années de pensionnat religieux soldaient mon compte, mais je garde une vieille tendresse pour les curés de campagne d'autrefois et particulièrement pour ceux qui y allaient un peu rondement avec certains commandements. Un chanoine biberonneur lutinant sa servante me plaît mieux qu'un carêmeur mal lustré tueur de scouts marins. Je crois avoir raconté ailleurs ce souvenir d'enfant, mais je ne résiste pas au plaisir de le replacer ici, car l'anecdote illustre et explique sans doute le point de vue que je viens de bonnir. Un curé peut en cacher un autre ! Oyez, oyez, bonnes gens, le merveilleux aphorisme de celui de Maennolsheim. Je crois que c'était Maennolsheim, Landersheim ou un autre de ces opulents villages des environs de Saverne où, dans les années 50, on cultivait le tabac, le houblon, la betterave, les céréales, les vergers, l'amitié, l'hospitalité, les lardons et la joie de vivre. C'était en 1954 ou 1955. Les jeudis, j'accompagnais mon père dans sa tournée postale. En ce temps-là, le facteur connaissait les secrets des familles puisqu'il apportait les bonnes et les mauvaises nouvelles, le journal, les mandats et les pensions. Confident, voire consolateur de la veuve, auxiliaire des premières amours filant aux filles des lettres dans le dos des mères, coursier bénévole, colporteur des nouvelles de la ville, marieur – « Tu sais, Fritz, je connais un garçon de tel village qui serait parfait pour ta fille » – au besoin complice d'adultères, mais respectant rigoureusement le secret professionnel. Le facteur était quotidien au même titre que le pain et presque aussi nécessaire. On se battait pour l'avoir à table. Tous les jeudis donc, en déplorant que la semaine n'en comptât point quatre, je déjeunais avec mon papa chez le riche fermier, le notaire, le pharmacien ou le curé. La cuisine était toujours excellente et abondante, mais dans quelques maisons elle était exceptionnelle, comme chez ce merveilleux curé. Épanoui et suave façon chanoine repu du *Lutrin* de M. Despréaux, naseau de pourpre cardinalice, lèvre gourmande, de la bonhomie coupée de malice dans le regard, ce serviteur de Dieu était un voluptueux de grande tournure qui, par une sorte de dandysme liturgique, savait métamorphoser son embonpoint en majesté. Toujours entre deux vins, mais jamais ivre, il houspillait sa gouvernante en latin quand un soufflé arrivait dégonflé ou que les pommes sautées étaient un peu brûlées. Il élevait des abeilles, engraissait un cochon pour ses propres saloirs, affinait lui-même ses fromages et soignait dans une cave voûtée une collection de flacons qu'un notaire bourguignon lui eût enviée. Entre sieste et bréviaire, il pomponnait un potager ornementé de monnaies-du-pape, phlox, nigelles, cœurs de Marie, giroflées, œillets, pivoines, botanique indispensable à tout jardin de curé. Pour ce prélat, rituel ecclésiastique et rituel de table c'était kif-kif. Je crois qu'il confondait un peu nappe d'autel et nappe d'hôtel. Linge brodé immaculé, carafes de cristal, fleurs, argenterie, bénédicité et service à la russe : hors-d'œuvre, entrées, poisson, entremets, rôti ou volaille, fromage et dessert. Je ne me rappelle plus comment ce Lucullus en soutane se débrouillait en carême. Tels certains chanoines de l'Ancien Régime, baptisait-il les sarcelles et les chapons gras avant de les occire en disant : « Au nom du Père, du Fils et du Saint-Esprit je te baptise truite ou merlan » ? Carême prenant ou dissident glouton, peu m'importait ! C'est chez lui que je voulais faire escale le jeudi. Béjaune mais déjà bec fin, je ne pouvais que succomber à tous les godiveaux, pâtés de foie gras, coqs au riesling, quenelles de brochet et d'écrevisses, jambons en croûte, rognons de coqs en gelée, gibelottes de lapereau, terrines de faisan, sans parler des charlottes et soufflés, tartes et babas, puddings et bombes glacées que la servante peu canonique déposait devant mes yeux aussi grands que mon gésier.

« Heureusement, disais-je à mon père, que l'école ferme le jeudi et non le vendredi, sinon j'étais condamné à une tournée maigre.

— Pas sûr, répondait Oscar, je crois que chez ce curé c'est mardi gras toute l'année. »

Un jour, la dernière cuillerée d'île flottante

avalée, excité par je ne sais quel démon de l'âge ingrat, j'ai voulu faire le malin : « Mais Monsieur le Curé, je croyais que la gourmandise était un péché capital. » Dans le répertoire Tartuffe junior, on ne fait pas pire. Avec une délicatesse toute pastorale, notre amphitryon s'approche alors de l'agnelet sournois, pose une main sur son épaule et profère en bel alsaco : « Besser de Busch verplatze, dass Gottes Guëte verachte ! », ce qui donne en langue vulgaire : « Plutôt se faire éclater la panse que de mépriser les biens que Dieu nous offre. » Voilà bien le sermon le plus court et le plus profitable que j'aie entendu de toute ma vie.

De l'eau a coulé sous les ponts de la Zorn, de la Zinsel et de la Moder, et si depuis longtemps j'ai tout oublié des commandements de Dieu, de l'Eglise, de l'Armée et de la Faculté, je n'ai en revanche jamais négligé le lapidaire commandement du curé de Maennolsheim. Gober une maxime aussi gourmande à l'âge des dents de lait, ça vous donne les crocs à vie et vous dispense de la lecture des fastidieux manuels de philosophie hédoniste. Chère et ripailleuse Alsace !

Tes prédicateurs n'ont pas toujours été indulgents envers les gens de gueule. Dès la fin du XVe siècle, début de l'âge d'or des humanistes alsaciens, Sébastien Brant vilipendait dans la *Nef des Fous* celui « qui remplit sa bedaine comme un ventre de vache et trinque avec chacun pour boire à sa santé. Celui-là ne récolte jamais que pertes et querelles. » En 1512, le moine strasbourgeois Thomas Murner qui cachait sous son froc franciscain un satiriste enragé, reprochait aux bourgeois de sa ville de se mettre à table sept fois par jour. La *Narrenbeschwörung* (Conjuration des fous) et la *Schelmenzunft* (Corporation des fripons) de ce Savonarole rhénan n'ont jamais été traduites en français. C'est bien dommage ! Vous n'imaginez pas, raffinés lecteurs, la mâle et revigorante grossièreté avec laquelle ce moine fouettard assaisonne pédagogues, prêtres, juristes et princes. A Sélestat, c'est Beatus Rhenanus, l'ami intime d'Erasme, autre spécialiste des nefs stultifères, qui reproche à ses compatriotes de passer trop de temps à table. Mais le pompon de l'homélie tempérante revient à l'intarissable Geiler de Kaysersberg, qui sermonnait en mélangeant le latin et l'allemand, le sacré et le profane, dans la plus truculente tradition macaronique. Voici comment il classait les mangeurs : « Einmaal essen ist göttlich, wer zweiert, der ist ein Mensch ; wer dreimal isst, der ist ein Vieh ; wer viermal isst, ist ein Tüfel und wer fünfmal isst, der ist des Tüfels Mutter genannt », soit en français : « Manger une fois est divin, celui qui remet le couvert est humain, celui qui mange trois fois est bestial ; celui qui mange quatre fois est un diable et celui qui mange six fois s'appelle la mère du diable ».

Dans le cheptel d'Epicure je ne suis qu'un tout petit goret, mais pardon, un goret latiniste ! *Corpus* étant la parfaite anagramme de *porcus*, je n'ai jamais contrarié le corps dans lequel j'ai pris corps, ni le cochon qui sommeillait (d'un œil) en lui. S'il veut des glands, nous allons aux glands, si dans l'hiver il se fait truffier, nous allons aux truffes, s'il exige de la confiture, nous lui donnons de la confiture. Bref, mon corps et moi (pardon Crevel), sommes amis comme cochons. Quant à vous, prédicateurs austères, châtrons ascétiques, tristes gosiers, petits estomacs, grenouilles hydropotes qui croupissez dans vos bénitiers, et vous tartuffes sans foie, cafards œnophobes, gringalets, vilains mange-petit, sachez qu'en latin, le verbe *esse* signifie aussi bien être (*sum*) que manger (*edo*). Cogitez-moi ça et laissez-moi parodier le *cogito* de notre « méthodique » René national en *Edo ergo sum* ! Je mange donc je suis ! Une évidence que mon vieux pote Harrison formule ainsi : *you must eat or you must die !*

En bas comme en haut allemand, manger se dit *essen*. Mais je suis trop ignare en matières métaphysiques et étymologiques pour en conclure qu'outre-Rhin on surmonte la difficulté d'être à coups de fourchette.

⋆

« Les digressions trop longues ou trop fréquentes rompent l'unité du sujet et lassent les lecteurs sensés, qui ne veulent pas qu'on les détourne de l'objet principal » pensait le marquis Clapier de Vauvenargues, un garçon auquel je fais une confiance aveugle. Et pourquoi ? me demanderez-vous, pour que je digresse encore. « Philosopher, c'est apprendre à mourir » prétendait Montaigne. De toutes ses forces, Vauvenargues s'est insurgé contre cette idée. Pour lui, « philosopher, c'est apprendre à vivre ». Une doctrine qui me va. Trêve de digressions donc ! Dans ce chapitre je voulais vous raconter ma vie avec un chien alcoolique. Et – per canem ad canonicos ! – le chien m'a entraîné chez les chanoines. Revenons donc à mon bouledogue.

Comme je vous le disais, hormis ma tante, Andrew n'aimait rien ni personne, sauf la bière. Tous les soirs il réclamait sa canette, de préférence une bière blonde qu'il lapait goulûment avant d'aller ronfler comme un vieux grenadier.

Il tenait cette habitude d'un pendard assez acoquinant de mon entourage, qui partageait la chope avec lui. Evidemment, Andrew avait des prédispositions, bull-dog anglais, une nationalité avec un fort penchant à l'ivrognerie maltée. Récemment, j'ai eu entre les mains un petit volume anonyme de 1802 intitulé *Tableau actuel des coutumes, mœurs et usages de la nation anglaise*. On y lit page 158 : « Les Anglais ne vivent que de viande. Le bœuf est leur viande la plus usuelle ; et cette viande qu'ils estiment en proportion de la graisse dont elle est chargée, mêlée dans l'estomac avec la bière qui leur sert de boisson, doit produire habituellement un chyle, dont la pesanteur visqueuse ne peut porter au cerveau que les germes de mélancolie. »

Pardonnez-moi, délicats buveurs de vin de Champagne, cette citation à relents stercoraux. Elle décrit fort exactement, hélas, les mœurs de ce chien inoubliable. Andrew était en effet une créature mélancolique, une sorte de philosophe plissé, indolent et dédaigneux, ayant opté pour le mauvais goût, la bibine plutôt que le chambertin. Ce qu'il y a de grisant dans le mauvais goût, c'est le « plaisir aristocratique de déplaire ». Un chien baudelairien, en somme. « On ne peut malheureusement pas déplaire à tout le monde ! » ajouterai-je. Les cendres d'Andrew reposent dans mon parc depuis très longtemps. J'ai vécu avec plusieurs autres chiens, des chiens joueurs, des gardiens, des chiens de chasse et de compagnie, des chiens tout-terrain et des loulous de canapé, des chiens avec des comportements de chiens, des buveurs d'eau affectueux, fidèles, sportifs, toujours en quête d'une caresse et prompts à vous lécher la bobine. Mais celui que je regrette le plus, c'est Andrew, l'arrogant pétomane, la grosse feignasse refusant de marcher plus de trente mètres, l'ivrogne amoureux de ma vieille tante.

Quelques années après sa disparition, j'ai rencontré son frère dans *The last good kiss*, un roman de mon ami Crumley. Trahearne, un personnage du livre, voue une tendresse particulière aux chiens de bars qui picolent et font les guignols. A Frenchtown dans le Montana, il se saoule à l'alcool de mûres pendant plusieurs semaines avec un bâtard portant une casquette militaire miniature et des lunettes de soleil. A Sausalito, il écluse des gimlets avec un caniche rose. Mais c'est à Sonoma qu'il rencontre le phénix des chiens pochetrons, Fireball Roberts, un bulldog amateur de bière. Trahearne envoie à sa femme une carte postale avec ce distique : *Le chien à ce qu'on dit est le meilleur ami de l'homme. Mais sa culotte n'a pas de poche et sa soif n'a pas de fond.* Crumley m'a assuré que ce bouledogue avait vraiment existé.

Pour étoffer ce chapitre, j'ai enquêté un peu sur l'alcoolisme canin auprès de mes amis. Charles Hamburger, mon épatant beau-frère natif comme moi de Monswiller, m'a raconté qu'à Saverne, dans les années 60, il rencontrait régulièrement au buffet de la gare un teckel alcoolique accompagné d'un retraité. « Deux demis, s'il vous plaît, et une assiette creuse. » Le chien lapait et le maître sirotait, deux bières d'affilée, un rite quotidien. Tous deux sont devenus très vieux et très gros. A la fin, le teckel peinait à marcher. Son énorme panse à bière traînait par terre.

Zooéthylisme encore, Jim Harrison me raconte que plusieurs fois par semaine en fin d'après-midi, un cochon sauvage de la petite espèce qui vit en Arizona et au Mexique, se pointe au Wagon Wheel, un bar de Patagonia, pour réclamer sa bière. Je connais bien ce bar et vous en reparlerai quand j'aborderai le rayon tequila. C'est un assommoir avec porte à deux battants mobiles comme on en voit dans les westerns, un système spécialement conçu pour les expulsions planées. Il paraît que ce pécari accro à la Budweiser est devenu l'attraction et la mascotte du coin.

Est-ce que la bibine améliore les jambons et palettes ? J'ai dégusté d'excellents cochons caraïbes engraissés à la noix de coco et aux bananes. Les anciens Romains gavaient leurs porcelets de figues avant de les sacrifier, mais je n'ai jamais été convié à un festin de cochon élevé sous la pompe à bière.

Mon ami Tristan Pimpaneau, garçon subtil qui sait faire la différence entre un cochon et un porc, fréquentait au début des années 80 un bistrot-écluse du canal du Nivernais, non loin de Corbigny. Les tenanciers avaient adopté un jeune cochon qui promenait ses fesses roses entre les tables, toujours en quête d'une tape amicale sur cet endroit charnu, à la façon des callipyges serveuses des caveaux à bière du temps où j'étais étudiant à Strasbourg, avant que les féministes à fesses plates ne balancent leurs fatwas. Le goret éclusier changea radicalement après que certains piliers du lieu eurent pris l'habitude de lui offrir des bocks. Les tapes sur le cul et les caresses ne suffisaient plus à la voluptueuse bête à groin. En grandissant, Jojo sombra dans l'alcool. Un porcelet bourré peut amuser les cons, mais un verrat gros et gras qui casse le mobilier présente des dangers que les assureurs refusent de couvrir. Jojo avait l'alcool mauvais. Privé de boisson, il devint fou furieux. On le sacrifia et ses œuvres complètes furent dévorées à l'occasion d'une mémorable Saint-Cochon. Une histoire assez triste mais qui finit mieux que les faits divers avec ivrognes humains. Le code pénal ne permet pas encore de transformer les buveurs dangereux en boudins, fromages de tête et andouillettes. Finalement, les animaux sont des hommes comme les autres, avec des faiblesses, des états d'âme et des façons assez semblables aux nôtres pour s'arranger avec la difficulté d'être. J'ai lu récemment l'histoire d'une guenon qui s'était mise à la cigarette par frustration sexuelle. La très sérieuse agence de presse chinoise Xinhua rapportait que Feili, une dame chimpanzé de treize ans, mendiait des clopes aux visiteurs du zoo de Zhengzhou, dans la province du Henan.

Selon les spécialistes cités par l'agence, Feili en est arrivée là parce que, depuis quelque temps, Monsieur son mâle ne parvenait plus à satisfaire ses besoins sexuels. Avec vingt-huit ans de plus au compteur que la gourgandine, le vieux singe était constamment essoufflé. Et pourtant, il ne fumait pas, lui ! Les fureurs utérines de cette pauvre guenon m'ont flanqué un sacré coup de blues. Chers lecteurs, je vas vous laisser et vider un crozes-hermitage signé Alain Graillot à vos chères santés, avec l'espoir que la pauvre Feili trouvera bientôt un amant jeune, vigoureux, et que la cigarette après l'amour ne dérange pas.

VII

C'est grâce à une vieille photographie, une de ces petites images glacées à bords dentelés des années 50, que je me suis rappelé ma première biture. Un conscrit jovial avec un large chapeau à rubans est assis sur une vespa enguirlandée de feuillages et de fleurs. A ses côtés, ma mère, radieuse comme une aurore des grands jours, porte ma petite sœur, une blondelette à nattes comme en croquait l'oncle Hansi. A l'arrière de la Vespa, votre futur narrateur, un garçon fluet, frisé comme un petit mouton, qui lève au ciel deux brandillons grêles. C'était à Monswiller, dans la cour de nos voisins, l'année de la conscription de Jean-Louis, le benjamin des trois fils Boss.

Madame Boss était un miracle de femme et de mère. Sur un marché de mamans à l'usage des orphelins, elle n'aurait pas poireauté jusqu'aux soldes, car elle incarnait la mère dont tout le monde rêve. Je n'étais pas encore orphelin, j'aimais tendrement ma mère, mais je me suis tout de même laissé adopter par Berthel Boss. Deux mamans, c'est un doublé d'affection à l'âge où la tendresse est aussi importante que la confiture sur les tartines et le sac de billes à la récréation. Mais comme nous ne pouvions l'appeler maman, pour ma sœur et moi elle est devenue Tata Boss.

A cette époque, le bureau téléphonique avait fermé et notre mère travaillait plusieurs jours par semaine comme vendeuse chez Muller, la grande boulangerie-pâtisserie de Saverne en face du château de Rohan. En sortant de l'école, nous filions sans traîner chez Tata Boss. Elle cuisinait comme une fée, une belle fée brune aux doux yeux de biche qui riait aux éclats. Après plus d'un demi-siècle, quand je pense à elle, à son rire espiègle et à ses cajoleries, les larmes me viennent, car cette marraine de conte demeure intacte et vivante dans ma mémoire comme une allégorie radieuse des jours anciens.

C'était une femme d'ouvrier, une mère d'ouvriers. Son mari, un petit homme taciturne et bienveillant, travaillait avec Joseph et Alfred, les deux aînés, à l'usine métallurgique Grauvogel. Je l'ai souvent accompagnée lorsqu'elle allait leur porter la cantine du déjeuner, mais je ne voulais jamais m'y attarder. C'était l'antre d'Héphaïstos où les forgerons se crevaient au labeur dans le battement assourdissant du gigantesque marteau-pilon glissant entre ses deux montants de fonte, une fournaise intenable où les hommes en sueur étaient obligés de hurler pour se comprendre. Au chétif enfant de chœur que j'étais, cette fonderie apparaissait comme une vision de l'Enfer.

Madame Boss dégageait une joie communicative et apaisante, une générosité lumineuse qui, même en plein hiver, évoquent les belles journées d'été à la campagne, le parfum des fleurs et des confitures, celui des bons petits plats des familles. Elle prenait à cœur avec une incroyable noblesse sa charge de femme au foyer, sachant orner sa maison, dresser de belles tables, fleurir les chambres, bichonner son potager, toutes ces tâches qui font la vie belle et qu'on assimile aujourd'hui à de l'asservissement, mais dans lesquelles réside une véritable énergie, un pouvoir quasi spirituel.

Vous n'allez pas le croire, mais mon déjeuner favori était celui du vendredi, jour traditionnellement maigre. Elle confectionnait alors un plat qui m'apparaissait comme le summum de la gastronomie alsacienne, les *Buewespatzele*, vocable imprononçable pour les « Français de l'intérieur » et qui signifie, pardonnez la bizarre indécence de la chose, quéquettes de garçons. Tant qu'à faire je vous en donne ici la recette. Vous préparez un appareil avec, pour moitié des pommes de terre râpées crues et moitié des pommes de terre râpées cuites. Vous y ajoutez des œufs, du persil haché, du poivre et du sel et un peu de farine. Avec deux cuillères vous en faites des sortes de quenelles que vous plongez dans une marmite d'eau bouillante. Lorsqu'elles remontent à la surface, elles sont à point. Vous les déposez alors dans un plat et vous les nappez d'une onctueuse sauce d'oignons émincés dorés, voire légèrement brûlés à la poêle sur lesquels vous versez un pot de crème fraîche. C'est simple, mais ça exige du savoir-faire. Quand maman s'aventurait à faire ce plat, nous ne disions rien, mais le regard complice que me lançait ma petite sœur Clémence était éloquent : chez Tata Boss, c'est mieux ! Il est vrai qu'ailleurs l'herbe est toujours plus verte. Notre mère avait ses propres spécialités du vendredi et alors, elle était hors concours : les knepfle de semoule et les paillasses de pommes de terre servies avec de la compote de pommes.

Si vous excursionnez en Alsace, ne cherchez pas les *Buewespatzele* sur les menus des auberges actuelles. Ce plat du pauvre ne figure sur aucune carte, mais comme l'hospitalité est toujours inscrite dans le code civil de cette province, vous rencontrerez peut-être une aïeule qui sera enchantée de vous préparer ces succulentes bistouquettes.

La conscription de Jean-Louis Boss ! Qu'ils étaient beaux, ces conscrits alsaciens coiffés de leur chapeau enrubanné dont les bandes de toutes les couleurs tombaient jusqu'au bas du dos. Ils parcouraient le village rue par rue, bras dessus, bras dessous et dansaient en zigzaguant derrière un groupe de musiciens en hurlant en chœur : *tsiketsake hoy ! hoy ! hoy !*, s'arrêtant devant les maisons pour quêter des dons en nature, des œufs, des jambons, des saucissons, des gâteaux, du vin et de l'eau-de-vie qui servaient à la préparation du dîner de conscrits. Escales à tous les bistrots. Monswiller en comptait beaucoup en ce temps-là. Je me rappelle *l'Arbre vert* de Monsieur Esslinger, rue de Saverne, une des escales favorites de mon père lorsqu'il revenait de sa tournée, *le Bœuf noir* du Roth Albert, le *Coq blanc* du Ott Paul familièrement appelé Guiger, le *Bellevue* de Monsieur Bankuser, le *Café des sports* près de la gare tenu par le Fuchs Louis. Et je m'en voudrais d'omettre le bistrot du père Macherich, car son fils Jean-Pierre était de ma classe.

Les gamins du village suivaient les conscrits partout, hurlant et titubant avec eux. Cette année-là, accrochée au pantalon de Jean-Louis, ma petite sœur, qui avait quatre ou cinq ans, marquait la cadence en raclant le bitume avec ses petits souliers vernis pendant plusieurs heures en criant *tsike-tsake hoy! hoy! hoy!* Le soir, elle n'avait plus de voix et plus de semelle à ses chaussures. Et moi, freluquet de neuf carats déguisé en conscrit miniature, je suivais la troupe en agitant au vent un petit chapeau à rubans, et comme la troupe, j'éclusais des bières et du schnaps dans tous les assommoirs sous les vivats de ces bons garçons éméchés. À la fin de la journée, j'étais fin cuit. On m'a déposé chez mes parents comme un trophée, une victime du conseil de révision tombée au combat. J'ai dégueulé toute la nuit. Horrifiés et attendris, mes géniteurs m'ont tenu la tête sur l'évier et essuyé le museau avec des serviettes chaudes. *Tsike-tsake hoy! hoy! hoy!*

Le lendemain, gueuledeboisé comme les vrais conscrits, j'ai voulu parader, considérant que cette cuite valait examen de passage dans la société des « grands ». J'ai dû rabattre mes prétentions, car à peine dessoûlé, on m'a traité derechef comme un morpion ordinaire. Ainsi s'achève la relation circonstanciée de ma première beurrée, une biture d'enfant de la patrie mâtiné d'arsouille. En grandissant, j'ai réalisé que j'avais bien plus de dispositions pour l'arsouillerie que pour le patriotisme.

Un moment je fus tenté par la vie des vrais branleurs, ceux qui passent la moitié de leur temps à ne rien foutre et l'autre moitié à dormir. Ça n'a pas marché, car je suis un paresseux actif. « Celui qui peut, agit. Celui qui en est incapable, enseigne » a dit Bernard Shaw dans *Maxims for Revolutionists*. Je n'ai enseigné que quelques mois, étant bien trop remuant et indiscipliné pour faire carrière dans un système aussi organisé. Un professeur de latin qui se retrouve sur le pavé n'est pas facile à caser. Mais sous les pavés, les comptoirs !

Plus tard, à Paris où j'ai vécu dix ans en exerçant le métier de libraire de livres anciens, certains syndiqués ont eu la bêtise de croire que je nourrissais des ambitions commerciales. En réalité, je n'ai jamais demandé qu'à me distraire. La fréquentation des livres m'a largement apporté mon lot de distractions. Dans la vie je ne suis guère influençable, ma nature peu souple m'ayant rendu insaisissable. En revanche, comment résister à l'emprise de certaines lectures ? Un vers de Brauquier, de Supervielle, quelques pages de Pasolini, de Faulkner, une ballade de Whitman, les noms de Vancouver, Paramaribo, Valparaiso ou Trébizonde croisés chez Marcel Thiry, Cendrars, Bouvier ou Levert, me font pâlir aussitôt. Nouvelles fugues, autres « bohémienneries », comme disait Rimbaud.

A cause de mes lectures, ma vie fut romanesque. Entendez par là que j'ai fait beaucoup de conneries. J'ai eu la naïveté d'en raconter quelques-unes lors de mes débuts de scribouillard. Certaines ont fait du chemin. La pure méchanceté de ceux qui ne m'aiment pas, la frivolité de ceux qui m'aiment trop ont fait qu'on a débité sur mon compte toutes sortes d'histoires les unes plus absurdes que les autres. Ma nature burlesque a toujours suscité des légendes. Certains les ont même racontées en ma présence. Depuis le temps, je suis bien trop flemmard pour les réfuter. Bizarrement, je n'ai trouvé la paix qu'après avoir perdu toutes mes illusions, enfin presque toutes.

Tout va mieux quand enfin on se fout de tout!

Pour ce qui concerne les territoires de la volupté, je n'ai pas eu la même précocité qu'avec Bacchus, mais presque. Mais une espèce d'infirmité du cœur m'a très tôt poussé à faire en sorte de ne jamais m'enticher. Une défensive qui m'a toujours évité d'être malheureux au moment de la séparation. Je n'ai jamais été bon gibier pour les flèches de Cupidon. Plutôt que d'hypothéquer mon âme dans des déclarations passionnées, j'ai opté pour les polissonneries. Mais ne comptez pas sur moi pour vous les raconter. Il y a bien assez d'auteurs, je dis auteurs et non écrivains, qui font commerce avec ce genre de denrées. J'aime encore mieux vous relater mes gueules de bois. Ce type de confession vous expose à la réprobation des gens de « bon goût ». Seuls les hommes de génie peuvent se permettre de dire des bêtises, paraît-il, et je n'appartiens pas à cette crème.

Les moralistes payés par l'État qui ne veulent prendre aucun risque dès lors qu'il s'agit de picotin et les académiques, cette plaie éternelle, ont toujours voulu enfermer les écrivains dans le cercle fatidique du « bon goût », en condamnant sans appel le libre essor des esprits originaux, déclarant comme des défaillances ce qui précisément fait que Bukowski ou Violette Leduc sont autre chose que Géraldy ou Duhamel.

N'allez pas croire qu'après ma première torchée avec les conscrits je sois devenu un alcoolique précoce. Cette première expérience m'a détourné de la bibine pour longtemps. Mon adolescence fut d'une sobriété incroyable.

J'ai passé ces années dans un pensionnat religieux qui fonctionnait selon le « *mens sana in corpore sano* » du vieux Juvénal, un moraliste pur et dur, un provincial (on dirait aujourd'hui un réactionnaire) qui se réclamait de la frugalité de l'ancienne Rome républicaine et qui fustigeait l'immoralité de celle des Empereurs, corrompue par la société cosmopolite d'anciens esclaves orientaux et de Grecs dégénérés. Dans ce collège nous carburions à l'aqua simplex, pour le dire en latin. Le latin, c'était notre pain quotidien. C'est même là que j'ai appris qu'il existait une célèbre fontaine d'Arcadie, la fontaine de Clitorie, qui inspirait le dégoût du vin, si on veut bien croire ce que raconte Ovide dans le livre XV des *Métamorphoses*. Mais c'est tout de même dans ce bahut que j'ai découvert pour la première fois le goût d'un vrai vin. C'était du vin de messe. Mes extases mémorables ont eu lieu beaucoup plus tard. Elles ne furent pas nombreuses, car il m'en faut beaucoup pour tomber raide.

VIII

Rien de plus assommant que les gens qui vous racontent au réveil ce qu'ils ont rêvé. Souvent leurs songes ne sont guère plus palpitants que leurs exploits dans la vie. Les dormeurs ordinaires percent rarement les portes d'ivoire qui séparent un Nerval ou un Hervey de Saint-Denys du monde invisible. Ceux qui racontent leurs vieilles cuites ne valent guère mieux et ne réjouissent sans doute que leurs compères de bordées. Des vaillantises d'anciens combattants, tout ce qu'il y a de barbant pour les auditeurs qui n'en furent pas. Je me risquerai malgré tout à cet exercice, car si mes pistaches furent sans suspense, leur environnement peut amuser.

Je n'ai été ivre mort qu'une dizaine de fois, piètre score pour un prétendu soûlographe.

Entendez ce mot selon son étymologie première : homme qui écrit sur la soûlerie.

Au début des années 70, j'habitais le neuvième arrondissement de Paris et vendais des livres anciens rue Henner, au rez-de-chaussée du premier domicile de garçon de Guillaume Apollinaire, à l'époque où cette succincte rue s'appelait encore Léonie. Je créchais rue La Bruyère, cinquième étage sans ascenseur. Le détail est important.

Le neuvième ressemblait encore un peu à l'ancien quartier des lorettes. C'était une zone frontalière entre le Paris canaille et le Paris rupin. Ma boutique s'est rapidement transformée en annexe du bistrot qui fait l'angle de la rue Paul-Escudier. Jean Wiener y venait en voisin, tout comme René de Obaldia ou Jacques Prévert auquel je fourguais des piles de revues illustrées du XIXe siècle pour ses collages. Un autre voisin, le scénariste Jean-Claude Carrière, se pointait à l'heure du chablis avec Luis Buñuel, Louis Malle, Milos Forman ou quelque jeune actrice qui, disait-il, savait lire. D'autres chalands poussaient ma porte en sortant de la toute proche Société des auteurs compositeurs, Jean-Christophe Averty qui rassemblait des livres sur les Pierrot et l'exquis Georges Van Parys dont je conserve une partition manuscrite de *La Complainte de la Butte,* offerte pour me remercier de lui avoir cédé une rare photographie de Gérard de Nerval. Le cœur serré, j'évoquerai aussi le poète de *Chant général,* ce chef-d'œuvre tellurique dénonçant l'imposture des conquérants. En poste à Paris, il venait parfois pour compléter sa collection d'anciens poètes français. Deux ans plus tard, aux actualités télévisées, j'ai vu la soldatesque chilienne brûler les livres de Pablo Neruda dans la cour de sa maison de campagne.

Ma vie se jouait entre le vieil Hôtel Drouot et le studio Waker près de la place Clichy où je m'entraînais aux claquettes avec un danseur noir. J'affichais alors trente kilos de moins à la balance. Au provincial exilé, le neuvième offrait une vie de village. En hommage à Apollinaire, j'achetais mon pain chez une boulangère de la rue des Martyrs qui sans doute respirait moins l'amour que celle « aux fesses bandatives » qu'il avait célébrée dans un de ses poèmes obscènes. Je me ravitaillais en cochonnailles chez une charcutière de la rue Pigalle, une jolie Alsacienne aux yeux pervenche avec laquelle je patoisais gaiement avant de rejoindre dans le café d'en face quelques julots du quartier pour une partie de billard. Tous n'étaient pas fréquentables et je ne les fréquentais d'ailleurs que là, mais pour la plupart c'étaient d'assez gentils « mauvais garçons » avec casquettes et camelote dorée aux pinces. Je les prenais pour des avatars des maquereautins et autres Jésus-la-caille de Francis Carco. Puisque j'évoque les marlous, parlons aussi de ces dames.

J'ai toujours éprouvé de la tendresse pour ces vaillantes frangines. Le gouvernement d'alors, bien que mangeant du pain de fesse comme l'ont fait tous les régimes, était moins persécuteur. Les rafles faisaient partie du folklore et le patron de la maison Poulman n'était pas aussi acharné que le guignolet en fonction aujourd'hui, à faire de la peine aux filles de joie. Elles étaient nombreuses entre Pigalle et la Chaussée d'Antin. Nous avons sympathisé. A deux pas de ma boutique, une adorable sirène d'une quarantaine d'années exerçait en chambre avec sa fille et parfois, car certains clients demandaient du supplément bizarre, disait-elle, avec un godelureau qu'elle faisait passer pour son neveu. Il émargeait à la Sécu comme coursier et bricolait ses fins de mois en intermittent de la galanterie. Un beau brin de putiet, croquant et jovial, qui avait conservé sa fraîcheur et sa robustesse de petit paysan normand, un je-ne-sais-quoi de simplesse ingénue, d'espièglerie à la bonne franquette qu'on ne trouve que chez les pintadeaux de grain élevés au grand air. Il m'avait à la bonne et m'appelait « mon Gégé », moins pour mes beaux yeux sans doute que pour les attraits chromés de ma moto que je lui prêtais volontiers pour ses fins de semaine. J'ai fini par lui en faire cadeau après avoir été renversé par un camion boulevard de La Chapelle. Une double fracture ouverte du tibia, six mois de plâtre et deux opérations m'ont dégoûté de ma Laverda à jamais. Il venait presque tous les jours à l'hôpital, souvent avec sa « tante » et glissait en douce sous mes draps une bouteille de calva maison ou de vodka, pour lubrifier mes jointures et celles de mes camarades de chambre, tous victimes de leurs chiennes de motos. Nous transvasions la vodka dans des bouteilles d'eau minérale. Pour le calva, c'était moins facile. A chaque visite, il me demandait ce que j'allais faire de la moto. Je l'ai fait mariner quelques semaines avant de lui filer les clés.

J'étais désarmé par le côté familial du bizness de ce trio. Je prenais souvent mon petit déjeuner avec la patronne au bistrot qui jouxtait la boutique. Comme je débutais dans le commerce, elle s'inquiétait pour mes affaires. Il nous arrivait de comparer nos recettes. Nos commerces avaient d'ailleurs bien des points communs. Je me rappelle un habitué qui, chaque semaine, entrouvrait ma porte, restait sur le seuil et murmurait comme ferait un quémandeur d'amour : « Rien de nouveau pour moi cette semaine ? Vous connaissez mes goûts. Surtout prévenez-moi si vous rentrez quelque chose d'intéressant. » A l'instar des clients de ma voisine, cet affamé cachait son « vice » à sa femme.

Les tenues et manières de ma Célestine n'évoquaient en rien la débauche. Elle ressemblait davantage à une brave et honnête commerçante de province qu'à une taulière de Pigalle. Elle ne manquait jamais la messe du dimanche à la Trinité. J'ai voulu la convaincre de changer de paroisse, l'église Notre-Dame-de-Lorette me paraissant plus indiquée pour les dévotions d'une courtisane. J'eus beau lui expliquer qui étaient les lorettes du temps de Gavarni et de Murger, elle resta une fidèle du curé de la Trinité, un abbé non conformiste dont j'ai oublié le nom, qui se consacrait surtout au salut et à la consolation des marginaux de l'amour. Faute de remettre la brebis égarée sur le sentier de la vertu, ce prêtre lui enseigna du moins la compassion et la charité. Un soir par semaine, à l'heure de l'apéro, la pécheresse invitait pour une partie de belote deux neiges d'antan qui tapinaient encore, tard dans la nuit, sous les portes cochères du quartier. Ces pauvres cagnasses en fin de course, malades et complètement démunies, n'accrochaient plus que de rares pervers ou des laissés-pour-compte en aussi mauvais état qu'elles. Une catinette, qui « travaillait » en Alfa Romeo derrière l'arrêt taxi de la rue

Victor-Massé, faisait la quatrième. Pour ne pas éveiller de soupçons, les deux florissantes gagnaient d'abord, puis s'arrangeaient pour perdre à la revanche et à la belle. Elles ne jouaient pas des pourboires. Après chaque partie, les deux pauvres marmottes repartaient avec quinze cents ou deux mille balles.

La belle de jour de la rue Victor-Massé était friande de poésie. Quand je la croisais dans le bistrot ou à la station de taxi, après la causette, elle me demandait toujours de lui dire un poème. J'ai fini par lui bricoler un florilège *ad hoc*, avec des morceaux choisis dans les recueils de Baudelaire, Aragon, Bérimont, Norge ou Carco. Un jour où je poireautais à la station, elle se pointe dans son Alfa : « Monte mon petit et dis-moi où tu vas, j'ai fait une assez bonne journée, je vais te faire le taxi. Pour la course récite-moi quelque chose, tu peux pas savoir comme ça me fait du bien ! »

Elle appréciait par-dessus tout *L'Ombre* de Francis Carco, un poème que je savais par cœur. En passant devant l'Opéra, elle essuyait une larme pendant que je scandais avec lyrisme :

… Dans ce quartier pauvre et bruyant,
Elle m'attend, derrière les piliers noirs,
Où d'autres ombres fraternelles
Font aux passants, qu'elles appellent,
De grands gestes de désespoir.
Mais les passants ne se retournent pas,
Aucun n'a jamais su pourquoi,
Dans le vent qui fait clignoter les réverbères,
Dans le vent froid, tant de mystère
Soudain se ferme sur ses pas…

Ursula était une belle et bonne personne. En réalité, elle s'appelait Marie, venait du Calvados, et ressemblait comme une sœur aux pensionnaires de la Maison Tellier qui pleurent pendant la messe des premières communiantes. Sa religion à elle, c'était la poésie. Vous aurez compris, qu'en ce temps-là, dans cet arrondissement, la vie était plus belle et le soleil et cetera.

Les montreurs d'ours, chanteurs de rue, vitriers et affûteurs de couteaux fréquentaient encore le quartier Chaptal. Les concierges frottaient les escaliers pendant que leurs perruches gazouillaient dans leur cage à la fenêtre et que les employés municipaux venus d'Afrique balayaient les trottoirs avec l'aristocratique nonchalance des exilés. Ma concierge de la rue La Bruyère s'appelait Monique. C'était une ancienne catcheuse encore très corporelle, la môme Catch-Catch de Fréhel en personne, qui aboyait sans cesse après sa fille « Ta gueule, Carole ou je t'en passe une », mais qui voussoyait un berger allemand qu'elle appelait Monsieur. Je lui filais de copieuses étrennes, aussi ne me voulait-elle que du bien. Elle s'occupait de mon ménage assez affectueusement. Cette gargamelle du ring me la jouait à la fois gouvernante et garde du corps. Elle s'inquiétait de mes fréquentations et regrettait sans doute de n'avoir jamais l'occasion de me prouver la vigueur de ses biscotos.

Mais il est temps que je vous parle de mon Q.G. nocturne, le *Old Vienna*, un restaurant-cabaret de la rue Saint-Georges, tenu par Jacqueline Brunard, ancienne vedette des Folies Bergère. Souvent dérangé par les clients pendant la journée, j'aimais à travailler dans ma librairie la nuit, les volets clos. Je rédigeais alors les fiches d'un catalogue sur les anciens romans noirs anglais. Vers onze heures ou minuit, poussé par la faim, je quittais mon antre pour dîner à l'*Old Vienna*. Jacqueline, qui s'accompagnait avec talent au piano ou à l'accordéon, interprétait des chansons comiques et des complaintes d'amour avec le timbre des anciennes chanteuses réalistes. Certains soirs, Lucienne Boyer ou quelque autre vedette oubliée venait pousser la chansonnette.

Une fin d'après-midi d'été, j'ai organisé, square La Bruyère, une fête de rue pour les amis du quartier, à laquelle j'ai aussi convié la bande du studio Waker, quelques amis libraires, des clients, ces dames et ma bignole. Jean Wiener a campé son piano au beau milieu de la rue Pigalle et nous a remis un coup de *Touchez pas au grisbi*. Pierre Etaix et Jean-Claude Carrière ont interprété la danse de Laurel et Hardy pendant que la môme Catch-Catch distribuait les bocks avec l'assentiment de la maréchaussée. J'oubliais de vous dire que nous avions obtenu la permission du commissariat, car cette bamboula était en réalité une manif contre un promoteur immobilier sur le point de démolir un immeuble romantique de la rue Pigalle. Vers minuit, j'ai entraîné les rescapés à l'*Old Vienna* pour l'escalope viennoise et le strudel. La soirée s'est achevée en costumes. Jacqueline conservait un lot de déguisements et de perruques. Après quelques verres de kummel, j'ai convaincu Régine Deforges de me suivre au vestiaire. Trois coups de houppette et quelques traits de rimmel, « et hop, ça n'est pas mon père ! » comme disait la môme Crevette. Devant les viveurs médusés, nous fîmes notre entrée, Régine en meneur de revue berlinois des années 30, canne, chemise blanche, cravate, costume noir et haut-de-forme, et mézigue en goualeuse, bas résille, porte-jarretelles, robe fendue, perruque blonde et lèvres cerise, mi-Dietrich mi-caricature grotesque et morbide à la George Grosz. En ponctuant chaque syllabe, j'ai dégoisé d'une voix cafardeuse *Und der Haifisch, der hatt Zähne* de L'*Opéra de quat'sous*, puis *Oh, zeigt uns die nächstbeste Whisky-Bar* de *Mahagonny*, avant de passer à *Lily Marlène*, *Es ist ja ganz gleich wen wir lieben* et quelques autres rengaines de répertoires de Zarah Leander et de Greta Keller. Trente ans et trente kilos plus tard, quand je reparle de cette lumpen soirée avec Régine, nous en rions encore. A l'époque nous étions deux jeunes libraires que la plume ne démangeait pas encore.

Ce fut un sacré tabac ! Les mois suivants, sur l'insistance de Jacqueline Brunard, j'ai plusieurs fois repiqué à la chose, par pure bouffonnerie et comme dérivatif aux travaux bibliographiques. Pas de quoi envisager une carrière chez Madame Arthur ou chez Michou. Un soir, l'équipe entière du Bayern de Munich a débarqué à l'*Old Vienna*. Un clin d'œil de Jacqueline, aussitôt j'abandonne le goulasch pour les paillettes. Des footballeurs bavarois en goguette, quelle aubaine ! J'en ai rajouté et leur ai servi *Ich bin von Kopf bis Fuss auf Liebe eingestellt*, *Sag mir wo die Blumen sind* et *Die fesche Lola*. Sans doute étais-je une fringante Lola, car les joyeux buteurs glissaient des Deutsche Mark dans mon corsage ou derrière mes porte-jarretelles, persuadés que j'étais l'attraction officielle de l'établissement.

La suite de l'histoire est encore plus déplorable. Au cours de mon numéro, j'avais éclusé un grand nombre de bières et de verres de schnaps offerts par les champions qui tenaient tous à trinquer. L'*Old Vienna* virant inexorablement à l'Oktoberfest, l'hôtesse me glissa à l'oreille qu'il faudrait peut-être siffler la fin de la partie. Aussitôt, je me suis mis hors-jeu en dribblant vers le vestiaire. Quand je suis retourné dans la salle sous mon apparence normale, je n'ai perçu aucun désenchantement dans le public, ce qui prouve au moins que les footballeurs germains n'avaient aucun préjugé sexuel. Soulagée, Jacqueline martelait le *Beau Danube bleu* sur son clavier quand nous avons quitté le cabaret. Après, je ne sais plus très bien ce qu'il s'est passé. Ce qui est certain, c'est que les Bavarois ne m'ont pas lâché de la nuit. Nous avons mis le cap vers les brasseries nocturnes des boulevards. Au petit matin, escortés de quelques rares survivants, j'ai réussi, je ne sais comment, à regagner le 44 de la rue La Bruyère et me suis écroulé dans l'entrée. Dans l'après-midi,

Monique s'est pointée dans ma chambre avec un bouillon de légumes.

« Ne me refais pas ça trop souvent, mon p'tit gars ! Je t'ai trimbalé sur mon dos jusqu'à ton lit. J'suis costaude, d'accord, mais cinq étages sans ascenseur, c'est plus de mon âge. Heureusement tu ne pèses pas lourd, sinon tu cuvais à côté des poubelles ! »

Et voilà l'travail ! Vous aurez compris que ce récit lamentable avait pour seul objet de vous parler un peu des derniers beaux jours du neuvième arrondissement.

IX

Le monde est un théâtre et la vie une comédie. La réalité est instable, illusoire comme un décor où s'agitent des masques, au point qu'il est souvent difficile de deviner quel visage se cache derrière le domino. La malicieuse remarque de ma mère sur les applaudissements dénotait un grand flair. Sur mes travestissements à l'*Old Vienna* et mes autres folies carnavalesques, elle ne pouvait plus ironiser car elle avait quitté la scène depuis quelques années. Tendre et perspicace maman, aujourd'hui je suis bien plus âgé que toi quand le rideau est tombé sur ton dernier acte. Si la vie est toujours un théâtre, je n'ai sans doute pas effectué assez de répétitions pour y tenir efficacement un rôle quelconque. Avec le sable des ans, je recense les ribouldingues d'antan, des pas de danse maladroits qui ne furent que décrochements, valdingues et culbutes, sauts dans le vide, vertiges et syncopes. Inconstance et dérobades, c'est ainsi que je qualifierai mes jeunes années, une existence toujours placée en porte-à-faux, où chaque rencontre signifiait rupture. Par peur de m'assujettir, je me suis grisé d'illusoires métamorphoses dans une succession d'identités de rechange et les miroirs ne renvoyaient que le reflet fugace de mes apparences.

« J'ai passé par la saison des fleurs et par celle des fruits, comme disent les poètes ; je n'ai trouvé dans aucun de ces états que j'eusse beaucoup à me féliciter d'être enfermé dans la peau d'un homme, plutôt que dans celle d'un loup ou d'un renard, plutôt que dans la coquille d'une huître, dans l'écorce d'un arbre ou dans la pellicule d'une pomme de terre », disait l'oncle Benjamin, une belle tête de lard nivernaise qui ne craignait pas de s'enluminer le museau avec de robustes pinards, les compagnons fidèles des braves et des voluptueux. Avec une pensée fraternelle pour Claude Tillier, mon subversif et revigorant voisin de Clamecy, allons retrouver la Muse Ivrognesse, cette mauvaise graine du Parnasse que les poètes délicats, les convenables et les laurés, accusent depuis toujours de chier dans la viole.

En voiture ! Nous partons pour le Val d'Aoste, la somptueuse et fertile vallée des Salasses, un peuple robuste qui fut écrasé par l'impérialisme romain. Aoste, petite corne d'abondance riche de fruits et de vins, il fut un temps où tes torrents charriaient des paillettes d'or et où la Doire n'était pas polluée par les industries du fer, du cuivre, du plomb et du cobalt que recèlent tes entrailles. Tu coulais alors des jours heureux sous la protection souveraine du mont Blanc, du Rosa et du Cervin.

Mes accointances avec un poète valdotain m'ont souvent conduit vers cet Eldorado durant les années 70. Lors du premier séjour, j'ai fait la connaissance de Renzo, un de ces personnages qu'il suffit de rencontrer pour vouloir aussitôt être son ami. C'était un quinquagénaire joliment rotond et si heureux d'exister que c'en était contagieux. Il vivait avec sa femme, sans enfants, dans une maison ancienne de la cité, avec un magasin au rez-de-chaussée. J'ai complètement oublié ce qu'il vendait. De Renzo, je n'ai retenu qu'un visage : celui d'un cuisinier hors pair. Il était valdotain par son père, sa mère venait de Florence. C'est sans doute dans les fastes de la cuisine florentine qu'il piochait ses plus éblouissantes recettes. Dîner chez ce phénix n'était pas une simple mondanité de fin de journée. C'était un privilège assorti d'une obligation peu banale : j'étais prié de me pointer chez l'amphitryon vers trois heures de l'après-midi. Mon hôte m'avait expliqué qu'un dîner de qualité réclamait une mise en forme. Il fallait approcher la table avec un cœur limpide et l'esprit léger. Pour accéder à cet état de grâce, rien de mieux qu'une petite *pennichella,* qui veut dire sieste chez les lézards du sud de l'Italie, une engeance pratiquant le farniente de façon religieuse. Je me suis docilement plié à la règle en me laissant conduire vers un lit taille ring de combat par la maîtresse de maison, une femme opulente et pourtant souple et gracieuse. On ne mesure bien les hommes que lorsqu'ils sont renversés, paraît-il ! Une fois renversé, j'ai réalisé que le plafond était couvert de miroirs. J'ai aussitôt fermé les yeux. Des haut-parleurs cachés distillaient en sourdine *Stardust* par Erroll Garner. Un efficace et presque innocent massage m'a conduit doucement vers l'état de bonheur parfait, cette forme de béatitude où le néant se confond avec la volupté. Lorsque j'ai émergé deux heures plus tard, Renzo m'a tendu un verre de vieux Marsala. En trinquant, il me fait : « N'est-ce pas que ma femme est une experte masseuse ? Sine Libero friget Venus !

— C'est cela, sans Bacchus, Vénus se morfond ! Je connais la formule de Térence. Mais ne va pas croire que...

— Ne t'inquiète pas, je ne suis pas jaloux et ma femme non plus. Nous savons vivre. Les joies de l'existence, il faut les partager entre amis. Allons choisir les vins ! »

Je n'étais qu'au début de mes surprises. Le satori, je l'ai encaissé en pénétrant dans le sous-sol de la demeure patricienne. La cité d'Aoste fut bâtie sous Auguste par trois mille prétoriens envoyés comme colons sur ce territoire rebelle. Écrasés par le conquérant latin, les premiers habitants avaient été vendus comme esclaves. La cave datait de ces premiers colons, quand la ville s'appelait *Augusta Praetoria*. Trois salles voûtées creusées en étages, toutes en parfait état, qui abritaient plusieurs milliers de flacons. Pour m'assurer que je ne rêvais pas, j'ai touché le cul de quelques bouteilles ! La première salle renfermait l'inventaire quasi complet des richesses viticoles du Piémont : les barolos, barbaresco, gattinara, lessona, sizzano, freisa, fara, boca, carema, barbera, dolcetto, grignolino, sans parler des vins singuliers comme le brachetto, le moscato ou la malvoisie. Plus de cinquante années de récoltes rangées par millésimes et par producteurs.

Dans la deuxième cave, allongés selon les mêmes critères, sommeillaient les vins de Lombardie, les buttafuoco, si bien nommés car ils boutent le feu, les clastidio, frecciarossa, montenapoleone, barbacarlo et autres songes de Judas, sans oublier les hauts perchés de la Valteline que bichonnent des vignerons acrobates, les sassela, inferno, fracia, valgella et sfurzat. La troisième cave, la plus profonde, la plus mystérieuse, était le rendez-vous des amateurs de vins blancs et de vins venus d'ailleurs. Pas facile de quitter cette œnothèque. Dans ces casiers couverts de noble poussière dormaient d'un œil l'enfance et l'adolescence de Renzo : « Avec ces bouteilles, je pourrais te raconter toutes mes vacances de gosse. Quand j'ai eu cinq ans, mon papa m'a emmené pour la première fois chez les vignerons. Je l'ai accompagné jusqu'à sa mort et j'ai continué tout seul ensuite, en pèlerinage. Comme tu peux voir, il y a ici de nombreuses bouteilles d'avant ma naissance. Je n'ose y toucher, j'aurais l'impression de violer une nécropole. Mon père surgirait sans doute dans ces catacombes comme la statue du Commandeur de Don Giovanni ! Ici veille la mémoire viticole de l'Italie septentrionale de presque tout le vingtième siècle. »

En caressant les bouteilles qu'il tirait délicatement des rayons, Renzo évoquait les journées ensoleillées d'avant guerre, les repas partagés avec les vignerons, les voyages en carriole du début, puis les tournées en automobile, le rire des jeunes fermières, les chasses aux oiseaux dans les vignes, les commentaires paternels lors de dégustations, les spécialités culinaires de chaque province, les fêtes dans les villages, les mœurs étranges des habitants qui vivaient dans les vallées reculées. Au moment de quitter ce sanctuaire, il me prend le bras et me glisse dans l'oreille : « Toi qui vis dans les livres, tu ne trouves pas que ma cave ressemble à une bibliothèque ? »

Il existe en effet d'étranges similitudes entre les livres et les vins. Les volumes, comme les bouteilles, sont alignés sur des rayons ou sous des voûtes. L'éclat des anciennes reliures répond à celui plus smaragdin des bouteilles dans leur crypte. Les anciennes bibliothèques et le sous-sol de la Bourgogne sont des « Wunderkammern » qui ont des mystères en commun. L'œuvre d'un écrivain et celle d'un vigneron sont toutes deux l'aboutissement de savoirs ancestraux, de méditations, d'efforts, d'intuitions et de raffinements infinis. Le trésor du bibliophile, comme celui de l'amateur de vins, redoute la chaleur, la lumière, le bruit, les proximités malodorantes, les manipulations profanes, les dégâts de la flore et de la faune microscopiques. Les livres et les vins exigent de l'amour, des soins et de la dévotion. Déboucher un echezeaux de grande année de Henri Jayer est aussi exaltant que d'ouvrir un livre d'heures des temps royaux. La remarque de Renzo m'a rappelé mon ami Carmet, un acteur né dans les vignobles de la Loire. Lorsqu'il venait me rendre visite dans la Nièvre, cet homme délicat et très secret avait instauré une coutume. Vers la fin de l'après-midi, il disait : « Je vais faire un tour dans ta bibliothèque » en pointant un doigt vers le sol. Il prenait alors un panier, plusieurs verres, un tire-bouchon, quelques fromages et disparaissait une heure dans mes caves. Avant le dîner dont il savait le menu, il réapparaissait chargé de bouteilles : « Celle-ci, disait-il, nous mettra en appétit. Pour le premier chapitre je pense que ce meursault fera l'affaire. Ensuite je verrai bien ce volnay, et pour le dessert ce quarts-de-chaume. En postface, devant la cheminée, nous pourrons finir la soirée avec Monsieur de Haut-Brion, un garçon de bonne compagnie ! »

Les portes des belles caves devraient porter la généreuse devise inspirée de l'ex-libris du grand bibliophile humaniste Grolier : *Ex vinaria cella mea et amicorum.* Les livres et les vins, deux bienfaits de la civilisation à partager entre amis…

Une analogie encore, entre ces deux univers, avant de retourner aux barolos : un paysage de vignobles ne présente-t-il pas la régularité, la rigueur et l'harmonie d'une belle page typographique ? L'élan parallèle des rangées montant vers un château, descendant vers une rivière, les assimile à des strophes d'alexandrins dirigés vers jubilation ou profondeur. Et ne sont-ils point rimes, ces rosiers que dans certains clos on plante en fin de lignes ?

L'excursion souterraine avec ce guide peu banal fut la dernière étape de ma préparation. Après ces quatre heures de mise en forme et de parcours didactique, j'étais bon pour le service, *dignus intrare* comme on disait chez Molière. Plus trivialement : j'avais les crocs.

Nous avons dégusté plusieurs curiosités, des blancs qui ne me rappelaient rien de connu, histoire de me présenter quelques joyeux agathopèdes tard venus et qui n'avaient donc pas été conditionnés comme moi.

Quand enfin la maîtresse de maison a ouvert la porte de la salle à manger, j'étais dans un état d'excitation quasi érotique, fin prêt pour un orgasme gastrique. Sur une immense table nappée de pourpre s'étalaient, exubérantes, les merveilles de la cuisine régionale italienne. Un bras d'honneur aux prétendues exigences diététiques ! Devant cette débauche d'anchois frais à *la verde*, d'aubergines au four, d'artichauts farcis, de foies de volailles sur tartines grillées, de bruschettas, de bouchées à la ricotta, de salades de calamars, seiches et poulpes, de roulades de bresaola au fromage de chèvre, de prosciutto aux figues, de ballottines de volaille truffées, de brochettes de mozzarella, de cubes de pecorino marinés dans l'huile d'olive, sans oublier les spécialités valdotaines comme la langue séchée façon viande des Grisons, les fontines et tommes vieillies dans les caves, devant cette abondance qui me rappelait les splendeurs de ma province natale, je suis redevenu le petit garçon alsacien qui salivait devant les vitrines des charcutiers et des pâtissiers de Saverne. *Vulpem pilum mutare, non mores!* Le renard change de poil, pas de caractère. Pardonnez cette récurrente pédanterie latiniste, nous sommes chez Monsieur et Madame Trimalcion. Pour qualifier mon état d'esprit avec une comparaison plus comique, je dirais que j'étais Pinocchio au royaume des joujoux.

Le plat de résistance était un lapin à la florentine : un oreillard entier, soigneusement désossé, farci et recousu, cuit en coque d'argile dans un trou du jardin rempli de braises et recouvert de terre. Quand l'argile est cuit comme une poterie, on casse le moule, le lapin est à point. Je n'ai jamais eu l'occasion de goûter ce plat ailleurs.

Nous avons passé plusieurs heures à table et, sans mollir, Renzo remplissait les verres. Avant les desserts, j'étais déjà complètement barolisé. Lamentable! diront les pisse-froid de la censure, des étriqués du gosier qui ne trinquent jamais. Qu'ils aillent se noyer chez les grenouilles, je ne suis pas un buveur honteux. Chez Renzo on trinquait, une coutume obsolète, sauf chez les robustes campagnards. Je le regrette, parce que le choc des verres est un signe caractéristique du rapprochement des cœurs. Tant mieux, si après les bacchanales, les nappes témoignent de la fraternité des trinqueurs. Chez les Anciens, le vin répandu par mégarde sur la table et les liquettes était perçu comme un signe de bonne fortune. Boire à la santé des compagnons, parents, maîtresses et amants reste la plus affectueuse et la plus poétique expression des souhaits de l'amitié.

« L'ivresse la plus morale, la plus douce, la plus naturelle, est l'ivresse du vin, a dit un chroniqueur du XIXe siècle. Les Allemands s'enivrent de mysticisme et deviennent idiots. Les Anglais se saoulent à la bière et deviennent misanthropes ou hypocondriaques. Les Chinois s'enivrent d'opium et deviennent abrutis. Les Arabes se défoncent au haschich et deviennent fous. Les Français s'enivrent de vins, et ils sont spirituels. » Ce radoteur ne dit rien sur les Italiens et les Valdotains. Fort heureusement, ces derniers ne s'attendaient nullement à ce que je fisse assaut d'esprit « teeellement français ! » à la fin du repas. Le petit touriste était ivre mort.

Le spiritueux avait proprement dégommé le spirituel.

Je suis retourné plusieurs fois en Vallée d'Aoste et ça s'est toujours terminé de la même façon. A chaque fois mes hôtes évoquaient mes précédents exploits. Je crois qu'ils auraient été vexés en me voyant repartir sur mes deux jambes. Je ne les ai jamais déçus. Il me reste à dire que les réveils ne furent jamais pénibles, car nous ne buvions que du très bon.

★

Les lendemains ne furent pas toujours aussi suaves qu'en Val d'Aoste. La torchée que je vais rapporter s'est jouée dans la péninsule nord du Michigan.

Ça s'est passé en octobre 1998, à Grand Marais, chez mon ami Jim Harrison, un écrivain adoré des lecteurs français et qui ne fait aucune différence entre spirituel et spiritueux. Nous avions quitté sa maison de Lake Leelanau pour prendre l'air dans les forêts du Nord et déguster quelques bécasses. Le chalet de Jim est planté dans les bois, au bord de la rivière Sucker qui fait à cet endroit une boucle encombrée de troncs morts et de petits barrages de castors. C'est une construction en rondins assise au milieu d'une clairière circulaire cernée de grands pins, de thuyas, de bouleaux morts et vifs, de plusieurs variétés d'érables et de liquidambars au feuillage écarlate, rose et or. Cette trouée se change en restaurant de plein air pour une foule d'oiseaux, d'écureuils gris et de rongeurs indigènes, quand Jim y déverse un peu partout de gros sacs de graines.

J'avais emporté *La Route du retour* qui venait de paraître. C'est un privilège que de pouvoir lire une œuvre sur les lieux mêmes où elle fut conçue et écrite.

Un matin, nous avons erré pendant trois heures dans les landes désertes du delta de la Sucker, sans tirer la moindre bécasse. Soudain, nous avons débouché dans une vaste prairie sylvatique. Jim m'a expliqué qu'au printemps elle se transformait en féerique jardin de fleurs. Dans ce décor se joue une scène de la première partie de son roman : la vaste clairière d'amélanchiers, cornouillers et prunelliers dont le puissant parfum rappelle l'opium. Une nuit de pleine lune, le jeune peintre du livre est abandonné là par sa jument et forcé de retourner à pied jusqu'à Grand Marais.

En fin de journée, nous faisions toujours escale dans le bar du village. Toute la population locale s'y donne rendez-vous le soir pour casser la croûte et siffler cinq variétés de bières fabriquées par les tenanciers dans une micro-brasserie attenante au bar. Ce saloon est un des lieux les plus fraternels que je connaisse. Il y règne la plus parfaite, la plus aimable et la plus incroyable tolérance. Dans une ambiance libre et intime, sans aucun préjugé, les marins pêcheurs du lac Supérieur, les bûcherons, quelques poètes, une copieuse colonie de lesbiennes canal préhistorique, des costaudes en chemise à carreaux, et des gays whitmaniens genre « parfaits camarades » se réfugient là parce qu'on leur fout la paix. C'est le bar idéal qu'on cherche en vain ailleurs. Dix mètres sur trente, plafond parqueté en bois verni, murs en rondins polis, une trentaine de tables, un bar de vingt mètres de long, quatre barmen, deux filles de salle et un billard.

Cette année-là, j'étais au régime sec à cause d'une saloperie au foie chopée en Egypte. Avec une pitié narquoise, Jim me fit découvrir une boisson locale baptisée *Rutebeer*, un ersatz de bière qui ressemble à la Guinness mais ne contient pas d'alcool.

« C'est un breuvage fabriqué par les Indiens depuis des siècles et qu'ils buvaient avant que nous ne les exterminions avec notre whisky », qu'il me fait en sirotant le sien.

Il était très tard quand nous avons regagné le chalet sur la piste forestière. Mon ami avait beaucoup picolé, pas assez pour sombrer dans le sommeil, mais suffisamment pour le plonger dans un état mélancolique très particulier, une sorte de ferveur retombée, propice aux confidences. C'était une nuit de pleine lune, de clair-obscur enchanté. Une fantasmagorie de nuages défilait derrière les branches souples des arbres nus. C'était, dans les remous du vent, l'étreinte mystérieuse de la forêt américaine. Au détour de la piste, Jim a soudain coupé le moteur et les phares.

« Au printemps dernier, une nuit où je revenais du bar, un ours brun se tenait là, au milieu du chemin. C'était une femelle solitaire, très âgée. Je me suis arrêté un long moment, puis elle est repartie très lentement. Deux jours plus tard, en pleine nuit, alors que j'étais en train d'écrire près de la fenêtre, son visage m'est apparu derrière les carreaux. Elle me regardait fixement, comme si elle voulait me dire quelque chose. Je l'ai revue à plusieurs reprises rôdant autour du chalet. Trop vieille pour chasser, elle espérait peut-être trouver de quoi manger. »

Le chalet comporte une très grande pièce avec une cheminée de pierre et deux petits lits, celui de Jim et celui des chiennes. Un escalier mène à une mezzanine où je dors habituellement. Sous la mezzanine, cloisonnée, se trouve une petite pièce servant de salle à manger et de bureau, ainsi qu'un coin-cuisine pour les petits déjeuners. Les autres repas se préparent dehors, au barbecue.

Je venais de me coucher, mais j'ai aussitôt

compris que je ne dormirais pas de sitôt. De son lit, Jim continuait la conversation. Pour faciliter le dialogue, je suis redescendu et me suis couché avec les setters, Tess et Rose, deux soyeuses créatures auxquelles je fais habituellement des déclarations d'amour en français.

Les conversations nocturnes, même les plus élevées qui parlent des poètes disparus, de la fascination des rivières et des femmes insensibles, n'atteignent à la transcendance qu'avec du lubrifiant.

« Mon ami, ai-je dit, s'il nous faut veiller, apporte à boire ! Ça fait une heure que nous barbotons dans le sacré. Pour donner des ailes à ma pauvre âme d'orphelin perdu dans cette forêt sauvage, j'ai besoin de carburant.

— Et ton foie ? Que va penser ton médecin nivernais ?

— T'inquiète, il picole plus que moi !

— Je crois que je n'ai plus grand-chose ici, allons inspecter les archives. »

Le spectacle de ce bestiau charnu sortant péniblement de son pieu et titubant en caleçon jusqu'à la cuisine pour dégoter une bouteille restera à jamais dans mes annales de l'amitié.

« Je n'ai trouvé qu'une vieille bouteille de cognac, mais je ne suis pas sûr qu'il soit bon. Je crois bien qu'il n'est même pas français. »

Le cognac était tchécoslovaque et parfaitement infect, mais nous avons tout de même vidé le flacon.

Le lendemain, quand je me suis réveillé vers midi, un casque de fer à pointes acérées me taraudait la cervelle. Jim était en train de rôtir des saucisses et des pommes de terre.

« Ben quoi ? T'as une gueule de bois. Dans le fond, baby, tu n'es qu'un petit être fragile. Tu sais quoi ? T'es une lopette !

— Mon cher Jim, lopette ou non, j'ai besoin d'un rince-cochon, c'est la seule façon que je connaisse pour guérir d'une gueule de bois. »

Mon vieux grizzli n'avait jamais entendu cette expression. Je lui ai expliqué que cette façon de se médicamenter était fort ancienne. Un préjugé assez répandu dans les campagnes voulait que le poil du chien qui vous avait mordu, appliqué sur la blessure, la guérissait radicalement. Les buveurs ont imaginé une application métaphorique de ce proverbe dès le XVIe siècle :

Poil, dit Bacchus, du même chien
Est au buveur souverain bien

De là vient l'expression : reprendre du poil de la bête. Les pochetrons anglais disent : *Take a hair of the same dog that bit you.* Seul le vin peut servir d'antidote à celui qu'on a trop bu la veille. Voilà l'origine du rince-cochon. Le vin blanc, coupé d'un peu de jus de citron, est le remède idéal pour dissiper les brouillards du lendemain matin. La formule française fut définitivement adoptée par mon ami : *Rincing the pig* lui plaît mieux que le *Dogs hair.*

En fin d'après-midi, en compagnie de Jim Fergus, nous sommes allés à Beavers Meadows, le marais des castors, un lieu étrange où soufflait un vent fort. Jim a tiré trois bécasses en moins d'un quart d'heure.

Quelques jours plus tard, sur la route du retour, cinq heures de voyage à travers les forêts et lacs de la péninsule, peu après le grand pont Toll qui enjambe les lacs Michigan et Huron entre St. Ignace et Mackinaw, nous avons fait un détour jusqu'à une étrange bâtisse, une maison d'habitation flanquée d'une fabrique abandonnée sur un terrain vague encombré de carcasses de voitures et de matériel agricole rouillé.

«Je voulais te montrer cet endroit. Pour moi, c'est la maison natale de Strang, le héros de mon roman *Faux soleil.*»

Plus loin, il me signale une grande ferme.

«Elle appartient à un de mes vieux amis, un poète hippie des années 60. Dans sa jeunesse il a donné un magnifique recueil et puis plus rien, parce que totalement paresseux. Quand il a hérité cette ferme de sa mère, elle était très prospère. Maintenant c'est une ruine. Je ne veux jamais m'y arrêter. Ça me fait trop de peine.»

Nous avons habité tout près d'ici, Linda et moi, au début de notre mariage. A l'époque nous étions pauvres. Je n'avais encore publié que trois volumes de poèmes et un roman, pas assez pour vivre décemment.

Il m'a indiqué la petite maison, alignée

parmi d'autres pareilles, dans la rue principale d'un village que nous traversions sans nous arrêter.

« Nous avons loué cette maison pour quatre-vingts dollars par mois et nous n'arrivions pas toujours à payer le loyer. »

Une anecdote encore avant de rejoindre Lake Leelanau. On pourrait en tirer une nouvelle typiquement américaine. Pour décor, une autre ferme, avec deux très hautes étables en bois. « Il y a une trentaine d'années, demeuraient ici deux ravissantes orphelines de seize, dix-sept ans. Elles se sont trouvées enceintes en même temps. On disait que c'était leur oncle et tuteur qui les avait engrossées. Personne n'a jamais su ce qu'étaient devenus les bébés. Quand l'oncle est mort, très vieux, longtemps après, les médecins ont fait une étrange découverte. L'homme dormait sur un lit de pierres. A la place du matelas, dans un cadre au-dessus du sommier, étaient étalées de grosses pierres très irrégulières. L'oreiller aussi était un roc. Le tout était recouvert de draps comme un matelas normal. L'homme dormait ainsi depuis des années. Une pénitence sans doute ! N'oublie jamais que l'Amérique est un pays pornographique et religieux. »

L'été suivant, quand Jim est venu dans mon Morvan, je l'ai conduit à Autun. Il a brûlé un cierge pour mon foie dans la cathédrale. Au retour, à la Celle-en-Morvan, je lui ai montré une maison du XVIIIe siècle, au milieu d'un beau parc.

« Tu m'as montré la maison de Strang. Voici celle de Claude Chassignet, le héros de ma trilogie. »

Ce genre de confidence resserre les liens d'amitié entre écrivains. Le cognac tchécoslovaque ne m'a pas tué ! Good fucking bye, comme on dit chez les branleurs du Nord Michigan.

X

C'est aujourd'hui dimanche et je quitte la table après une poularde aux morilles ondoyée d'un montlouis de François Chidaine. Voilà qui donne plutôt envie de paresser ou de flâner au bord de l'étang de Fleury pour observer les ébats des colverts, aigrettes, hérons cendrés et cormorans. Il soleille fort sur la campagne nivernaise, un soleil d'hiver faisant miroiter çà et là quelques reliquats des neiges récentes. Dans le silence parfait de cet après-midi dominical, la terre encore gelée offre quelques signes avant-coureurs d'imminentes reverdies, des apparitions précoces d'ail sauvage et de perce-neige, les premières floraisons des viornes roses, les va-et-vient fébriles des écureuils. En me rendant vers le « cottage d'écriture », un retiro où je m'isole pour travailler, j'ai été surpris par un paon du jour sorti de son hibernation pour se dégourdir les ailes. Et voilà qu'en posant la feuille blanche sur le grand calendrier sous-main, je réalise qu'on fête aujourd'hui la Saint-Vincent. Comment parler d'autre chose que de vin ?

Aujourd'hui, l'espace est splendide !
Sans mors, sans éperons, sans bride,
Partons à cheval sur le vin
Pour un ciel féerique et divin !

Mes premiers gobelets, hélas, furent de moindre aloi. Les débitants de Monswiller ne proposaient pas le nectar que Baudelaire verse aux amants. Pour la politique vinicole d'après guerre visant à fourguer quelque soixante millions d'hectolitres de décapant, le petit peuple était un déversoir fort commode. En semaine, le méchant aramon languedocien uni pour le pire à l'algérien dans des bouteilles capsulées d'un litre. Le dimanche, du jaja prétendu supérieur, avec bouchon et étiquettes fleuries de moines à tronches rubicondes, ceux-là mêmes qui racolent déjà sur le camembert.

Navrant, direz-vous, l'Alsace est pourtant un paradis viticole ! Que oui, mais dans cette province *gaudeamus* ne rime avec *Bacchus* que dans le Sud. Dans mon coin, il fallait chercher la rime chez le houblonnier *Gambrinus*. Pour la soif, le bock, mais à table le rouge, du rouge venu d'ailleurs, pas très catholique bien que baptisé avec Dieu sait quoi. Il nous arrivait de déboucher un traminer ou un sylvaner pour accompagner une tarte à l'oignon ou une salade de gruyère-cervelas, un muscat ou un gewürztraminer avec la tarte aux quetsches. Que Lucifer me crache au cul si je me trompe en disant qu'à l'époque la plupart des petits vignerons alsaciens avaient signé un pacte avec le diable. Leur vin fleurait plus le soufre que le raisin. Rançon de ces fausteries : aigreurs d'estomac et migraines tenaces pour le pauvre buveur. J'évitais instinctivement tous ces mal jaunis. Pour les émotions fortes, je préférais les eaux-de-vie de fruits sauvages dans la version « canard », pour le train-train je m'en tenais à la bière-limonade. Quant au rouge dont je causais d'emblée, j'en ai tâté, rebaptisé à l'eau cette fois, comme le voulait la coutume. Eh bien, il ne m'allait pas non plus. Ce n'est que plus tard, dans un environnement moins plébéien, que j'ai pigé que les vinasses de mon enfance n'étaient pas des vins. Les villageois se noircissaient au pinard et vivaient d'illusions.

Je ne méprise pas le pinard, il paraît qu'il a sauvé la France. D'ailleurs il y a sûrement du bon en lui, puisqu'il conserve des amateurs, mais ses vertus échappent encore à mon entendement. Connaissez-vous *Mon docteur le vin*, un album publicitaire de chez Nicolas publié en 1936 avec des aquarelles de Dufy ? La chose est préfacée par le Maréchal, encore Sainte-Nitouche à ce moment-là : « Pour se procurer du pinard, le poilu bravait les périls, défiait les obus, narguait les gendarmes. Le ravitaillement en vin prenait à ses yeux une importance presque égale à celle du ravitaillement en munitions. Le vin a été, pour les combattants, le stimulant bienfaisant des forces morales comme des forces physiques. Ainsi a-t-il largement concouru, à sa manière, à la Victoire », écrivait la vieille baderne.

Miracle de la Marne, saint Pinard, j'écris ton nom, avec tout de même une pensée émue pour tous les pauvres types qui ont laissé leur peau dans cette glorieuse et criminelle boucherie. Ma bravoure étant exclusivement civile et pacifique, je ne polémiquerai donc pas sur les vertus belliqueuses du pinard à Pétain, sur les propriétés capitulardes de l'eau de Vichy non plus.

Ma première aventure avec un vin de qualité relève du prodige mystique. Révélation sacrilège, car l'abouchement eut lieu en cachette derrière un pilier de sacristie. C'est en sifflant une burette de vin de messe que j'ai trouvé la Lumière !

Le collège religieux où j'ai été admis à douze ans encourageait toutes sortes de loisirs : chorale, club de billard et d'échecs, jardinage, concours de poésie latine, football, hockey sur glace, photographie, piano, etc. Il abritait aussi quelques petites sociétés clandestines burlesques, comme le club des onanistes gauchers ou des goûteurs de vin de messe. Étant droitier, je n'ai pas été admis aux travaux manuels de la première, mais j'ai obtenu les mêmes services auprès de quelques polissons du rayon jardinage, des experts d'une extrême dextérité dans la dextralité. En revanche, sur ma jolie mine, j'ai été reçu sans examen parmi les goûteurs de vin de messe. J'avais tout d'un pastel Louis XV, un gracieux petit vendangeur au teint plus délicat que le plus friand muscat. La belle affure de douze années d'élevage en plein air. Ce joyeux et très secret Ordre de servants de messe licheurs ne demandait rien d'autre à ses chevaliers que de s'envoyer à jeun, vers six heures du matin, une rasade de blanc dans le dos du célébrant. Farce et frime puériles, rien à voir avec la confrérie du taste-vin ! L'éventail de dégustation n'était pas large, deux ou trois crus seulement. Je serais bien incapable de les nommer. La seule chose dont je me souvienne, c'est que ces piccolos n'avaient rien à voir avec ceux que j'avais essayés au village.

Le miracle eucharistique se célébrait au moelleux ou au sec, au gré des dilections du célébrant. Je me rappelle surtout le liquoreux, sans doute un sauternes, un nectar fort congru pour une dégustation matinale. La transsubstantiation est un mystère très complexe pour un enfant de chœur fraîchement incorporé dans la bergerie. Question mysticité, j'avais la comprenette difficilette. Le sang du crucifié changé en onctueuse liqueur dorée ! La mutation eût été plus crédible sans doute avec un madiran ou quelque autre robuste jus de tannat. Petit à petit, mes dégustations matinales ont viré au rite païen. La pratique accélérée du grec et du latin, l'acoquinement quotidien avec les dieux, bergers et héros de Virgile, Homère ou Ovide ont fortement chamboulé mes croyances. La mythologie des Anciens me séduisant plus que les allégories chrétiennes, le vin de messe devint l'ambroisie neuf fois plus douce que le miel. Dans ma nouvelle représentation du sacré, mes camarades porte-burettes et balanceurs d'encensoirs se métamorphosèrent en ganymèdes et aegipans. Et si j'ai penché un peu tôt vers l'épicurisme, c'est en partie à cause de ce vin de messe et de la secrète liturgie que j'avais imaginée autour de sa dégustation. Je dois à ce souvenir d'enfance un durable engouement pour les grands liquoreux, car, n'est-ce pas, l'on revient toujours à ses premières amours.

A seize ans je me suis évadé un peu brutalement de cette Arcadie loyolesque pour achever mes humanités dans le monde profane. L'enfant de chœur a fait long feu. Finies, les dégustations ambroisiennes de vin eucharistique qui… « *ingreditur blande* » comme dit le livre des *Proverbes*. Une façon laconique d'exprimer ce que les Bourguignons tournent en « c'est le bon Dieu qui vous descend dans la gorge en chausses de velours ».

Affranchi des contraintes de la vie communautaire du collège, j'ai aussitôt lâché ma famille pour mener une existence autonome. Vaches maigres et vaches enragées. Qu'ai-je foutu jusqu'à mes vingt-cinq berges ? Quelques études, toutes sortes de métiers, certains avouables, tous éphémères, et quelques filouteries. Bref, j'ai surtout fait le désespoir de mes parents. Mais jamais je n'ai failli à mes caprices bachiques. Étudiant avant 68, quand cette corporation réputée débauchée sévissait encore au cœur des cités et s'amusait à provoquer le bourgeois, j'ai traîné dans les bars de nuit, caveaux à bière et troquets à vin plus souvent qu'à l'Alma Mater de Strasbourg. « Perverti » dès mon jeune âge par les « mauvaises lectures », c'est-à-dire la bonne littérature, j'ai voulu ressembler aux marginaux des romans. J'ai poussé le cabotinage jusqu'à monter sur les planches dans le rôle du Roi des étudiants de *Léo Burckart*, un drame de Nerval inspiré par les sociétés secrètes d'étudiants germaniques à l'époque romantique. J'étais alors en proie à des fureurs abstraites, des fièvres d'évasion récurrentes qui me faisaient fuir tous les milieux organisés. Farouchement solitaire, je me suis détraqué la carafe avec des alcools forts, du tabac et beaucoup de littérature allemande. J'ai trimbalé ma mélancolie comme un héritage précieux, sous l'aile de la grande chauve-souris idéale de Dürer. Les vieilles danses macabres, la grande nef des fous, ce bateau ivre narragonien voguant sans timonier sur le fleuve des inquiétudes, les élixirs du diable qui unissent « à la grotesque » rêve et réalité, les scènes de la vie d'un bon à rien courant le monde avec son violon, les hymnes à la nuit et les chants des compagnons errants... Pour les tempéraments bilieux, ce genre de viatique sonne définitivement le glas de la sérénité. Tout aurait sans doute viré au sombre si quelque fée burlesque ne s'était pointée au petit matin avec une espiègle baguette. «*In hilaritate tristis, in tristitia hilaris*» dit le poète à la fois bouffon et triste de la comédie *Candelaio* du malheureux Giordano Bruno. Ivre, à moitié endormi, ce fou très sage s'écrie en rêvant : «Allons, vogue, vogue donc!», devançant de quelques siècles le «Ô que ma quille éclate! Ô que j'aille à la mer!».

A propos de *Bateau ivre*, je me permettrai une objection qui risque de fâcher les rimbaldiens dévots. J'ai toujours pensé que le poème aurait dû s'arrêter sur ce vers, les deux dernières strophes semblent inutiles.

Mais qui se soucie des opinions et gestes d'un type qui romance sa vie à travers le verre grossissant des culs de bouteilles? Permettez! Ce mode de narration en vaut bien d'autres. Il fleurit depuis quelque temps un genre nouveau et obscène, une littérature du deuil, petit commerce très juteux si j'en crois les tirages. Avec une impudeur écœurante, l'œil lacrymant, de vieux castors exhibent leurs états d'âme chez les plus nécrophages présentateurs de la télé avec des poses de divas foudroyées. De quoi fendre le cœur de mille pleureuses qui se précipitent dès le lendemain chez le libraire. C'est tellement humain ! Le néologisme « faire son travail de deuil » envahit de plus en plus les médias, comme un signe supplétif de leur imbécillité. Notre époque est bête et cruelle. Cette odieuse et tragique course à la compassion, participe activement à la panbéotie galopante.

L'allégresse est contagieuse, on peut la partager. Dans le chagrin, on reste seul. Vous pouvez le porter à la boutonnière, le prostituer dans des bouquins, le décliner sous forme de complaintes ou de confessions, vous le retrouverez intact en rentrant chez vous, dans une chambre déserte, devant un lit vacant, un verre orphelin, dans l'odeur d'une veste, ou devant les bourgeons d'un printemps qu'on ne peut plus partager.

Mes amis, dans les plus sombres moments, n'accablez jamais votre prochain avec des lamentations. C'est indécent, lassant et totalement inefficace. Plutôt que de geindre, offrez à boire et parlez d'autre chose. Le chagrin, noyez-le de préférence en solo !

Dans les circonstances tragiques, j'ai toujours fait confiance au vin. Le vin est profond, il ne baratine pas, mais agit. Quelques bons apôtres vous prendront par la main et vous assureront qu'il ne faut pas boire pour oublier. Les plus vicelards vous diront même de ne jamais boire seul. Foutaises et saintes nitoucheries que tout cela ! Quand on boit seul, on n'est pas seul. Les bouteilles ne sont pas de simples objets, des corps inanimés. Les vins sont comme les livres, ce sont des personnes vivantes, avec une âme et de la conversation. Dans ses *Anecdotes littéraires*, l'abbé Raynal raconte qu'un admirateur de Guez de Balzac s'était présenté à cet écrivain en ces termes : « La vénération et le respect que j'ai pour vous, et pour Messieurs vos Livres… » Mutatis mutandis, on devrait aborder les vignerons avec la même formule : « La vénération et le respect que j'ai pour vous et pour Messieurs vos Vins… » Cette vérité admise, vous comprendrez qu'il y a des vins avec lesquels on peut rester longtemps en tête à tête, car ils sont vraiment reposants.

Entre épicurisme et renoncement il n'y a pas de milieu, mais entre le plaisir et la douleur il en existe un : l'indolence. L'inventeur du « couteau sans lame auquel il manque le manche », le sublime bossu Lichtenberg, un philosophe dont je ne me prive jamais de toucher la bosse, pensait que « rien ne contribue autant à la paix de l'âme que l'absence absolue d'opinion ». Pour accéder à ce salutaire état d'insensibilité morale, le vin est assez bon conducteur. Il incite à la rêverie et au détachement.

J'ai bu récemment une bouteille entière d'un vin de la région de La Spezia, un sciacchetra de Cinque Terre, que l'étiquette proclamait « vino da meditazione ». Ce n'était certes pas une potion pour esprits superficiels. Certains soirs d'hiver, frustré de carambole, je rumine devant mon feu de cheminée. Après une journée dans les livres, pour le repos des yeux, je renonce à repiquer dans *Parerga et Paralipomena* de Monsieur Schopenhauer, un autre fan de Lichtenberg, et préfère étouffer le spleen avec un vin de méditation. J'appellerai cela de la philosophie expérimentale, une pratique qui me va mieux que la philosophie rationnelle.

Le soir tombe, trêve de balivernes ! *Ich habe genug*, disait Jean-Sébastien dans une de ses cantates. Un château-soutard attend dans une carafe. Quand je bois seul, je le fais toujours à la santé d'un ami absent. Ce beau saint-émilion sera pour mon ami Pirotte, un poète qui connaît la musique, celle du verbe, la toute-puissante qui sort des bouteilles comme le bruissement des sources secrètes.

XI

Quand les mesures itinéraires marquant les distances d'un lieu à un autre se calculent non en kilomètres mais en litres, la vie devient un plaisant voyage. Passons sur les dix années d'errances quand je trimbalais mes rages sous divers tropiques, même si certains ne furent pas tristes. Comme bien des sujets de tempérament saturnien, j'ai pourri ma fin d'adolescence avec des initiatives désastreuses. A force de m'acoquiner avec les plus cinglés, j'ai disjoncté comme eux.

Quelques cures avec cocktails de Largatil, Nozinan et Halopéridol dans des établissements spécialisés en folie ordinaire, des cavales, d'autres arnaques… des équipées somme toute assez banales, mais qui auraient pu se terminer très mal. Appelons cela pudiquement « années d'apprentissage », même si dans mon cas ça tenait plus de Bibi la Purée que de Wilhelm Meister. Heureusement, même les pires saisons ont une fin. L'éclaircie, je la dois aux livres. Sans blague, j'ai été vraiment sauvé par les livres. Grâce à une petite annonce. Sur ma bonne mine, et en faveur d'un léger bagage humaniste, j'ai été engagé comme bibliographe dans un cabinet d'expertise de livres anciens. Cinq ans plus tard, j'ouvrais la petite boutique du neuvième arrondissement dont je vous ai déjà parlé. Mon cher papa pouvait enfin dormir tranquille. Petit commerçant, un métier respectable ! Mais je lui en avais tant fait voir, ou plutôt laissé deviner, qu'il n'a pas gobé cette nouvelle métamorphose. Sans prévenir, un matin de septembre, il a pris le train depuis Saverne pour vérifier l'honnêteté de mon négoce. Comme je venais de lui offrir une auto, il était persuadé que je vendais de la drogue. Il a surgi dans ma boutique à l'improviste, au moment où un vieux bibliophile courtois et bien ciré me signait un chèque de trois mille francs pour un exemplaire sur papier de Hollande de *Salammbô*. Flaubert m'a réconcilié avec mon père.

« Trois cent mille francs (il parlait toujours en vieux francs) pour ce bouquin ? Cet homme est fou ! »

En déjeunant, je lui ai dispensé une rapide leçon de bibliophilie. Il a avalé mes explications en silence, avec un sourire amusé. Il semblait plus ou moins rassuré, mais en sortant du restaurant, il a répété : « Trois cent mille francs, quand même, c'est beaucoup d'argent ! » Sans doute me soupçonnait-il d'avoir escroqué le bibliomane, mais « honnêtement », comme le font tous les épicemards. Pour ce vertueux, le commerce c'était du vol. Ne rien produire, ne rien fabriquer, se contenter de revendre plus cher un objet, voulait dire arnaque. Obscurément, sans doute par atavisme paysan cathoprolo, j'étais plus ou moins du même avis. Bouquiniste et boucanier dérivent de la même racine : peau de bouc et maroquinage. Vive la flibuste ! En vérité, l'intimité avec les livres m'excitait plus que l'art de les négocier. Et pourtant mon petit comptoir prospérait, me procurant une aisance gentillette, c'est-à-dire une liberté que je n'avais jamais connue, et la chance de brocanter sans patron ni employé.

C'est peu de temps après mon « entrée en librairie » que j'ai fait connaissance avec les grands vins. Je dois ma première dégustation à la munificence d'un gentleman époustouflant. A cette époque, il n'était connu que des privilégiés qui fréquentaient son restaurant. Aujourd'hui, tout le monde sait qui est Jean-Pierre Coffe. Ses combats pour la qualité de la chère et des vins, ses colères homériques, ses manuels du bien-vivre, ses nombreuses prestations à la radio et à la télévision, ses (trop rares) apparitions au cinéma et sur scène lui ont fait une réputation presque légendaire. Il en joue avec une malicieuse bonhomie.

Il y a quelques années, il m'avait accompagné à Jaligny-sur-Besbre, patrie de René Fallet, pour une fête de la dinde, la spécialité de ce village bourbonnais. Quelques mois plus tôt, on m'y avait décerné le prix Fallet pour un premier roman. J'avais très envie de retourner dans cette Cocagne dindonnière pour y briguer un nouvel honneur, le ruban très convoité de « dinde d'honneur ». L'avènement de Jean-Pierre Coffe dans cette kermesse héroïque suscita un enthousiasme extravagant. Tout juste si les mères de famille ne lui demandaient pas de bénir leurs enfants. En habit sacerdotal, il ferait d'ailleurs un évêque très crédible.

Au début des années 70, il officiait rue Rambuteau, à l'enseigne de la *Ciboulette*, un restaurant comme il n'y en a plus. J'ai connu cette adresse par Jean Carmet et Jean-Claude Carrière. Nous devînmes compères très rapidement, peut-être grâce à nos origines lorraines. Jean-Pierre est natif de Lunéville, la ville du roi Stanislas. A cause de sa majesté un peu cabotine, pour sa folle générosité et son raffinement, je l'avais surnommé Stanislas l'Exquis. Je garde un souvenir attendri des soirées de la *Ciboulette* où cet apôtre de la gastronomie accueillait avec humour et diplomatie une affluence de bêtes de scène, vedettes de l'écran, monstres sacrés, politiciens, chanteurs, producteurs et aussi quelques bourgeois de province ravis de côtoyer cette formidable ménagerie. Je suis persuadé que de nombreux profanes se souviennent encore des éclats de rire incoercibles de Mademoiselle Miou-Miou.

Comme on croirait cette célébration incomplète si je m'en tenais là, sans révéler quelques autres noms, alignons-en quelques-uns, au hasard de mes souvenirs : Michèle Morgan, Paul Meurisse, Michel Audiard, Frédéric Rossif, Catherine Deneuve, Julien Clerc, Jacques Deray, Rudolf Noureev, Lauren Bacall, Barichnikov ou encore Graham Greene dînant à la vodka en face de Joseph Losey qui lui, ne carburait qu'au gin. On reparlera du gin un peu plus tard !

Un soir où je me suis pointé à la *Ciboulette* avec Carrière, Coffe nous a conduits vers une table pour trois. « Si vous le permettez, vous dînerez avec quelqu'un qui vient de réserver un seul couvert. C'est un étranger et ça m'ennuie de le laisser seul à table ! » Le troisième convive, l'étranger solitaire, c'était Robert Mitchum. Je vous laisse deviner ma stupéfaction. Don Juan a été foudroyé au cinquième acte pour beaucoup moins ! La réputation de buveur de Mitchum n'était pas volée. Je pense qu'en Amérique il se rinçait au whisky, mais ce soir-là, il a fait un triomphe aux vins français. Les bouteilles défilaient en fondu enchaîné sans ralenti. Vers deux heures du matin, il s'est levé de table, et vacillant à peine, ventre rentré et torse bombé, il a quitté le restaurant, avec cette démarche à la fois nonchalante et virile qui n'appartenait qu'à lui. Une belle sortie de western.

A la *Ciboulette*, les moments extraordinaires succédaient aux moments extraordinaires et s'il y en eut de plus ordinaires, je crois bien que je les trouvais, eux aussi, extraordinaires. J'aimais par-dessus tout le petit cénacle des intimes, avec lesquels, après le service, volets clos, je finissais trop souvent la nuit sous prétexte d'essayer des vins pour une nouvelle carte : Jean Carmet, l'ami de cœur de Jean-Pierre et son jeune acolyte Depardieu, Carrière, Jean Poiret. Des nuits d'amitié, sublimées par quelques ragoûts de nouveauté, comme cet inoubliable muscadet 1976 non chaptalisé du Domaine des Dorices. Carmet l'avait baptisé « la propreté ». La *Ciboulette* restera toujours dans ma mémoire comme un symbole des années où la vie était plus aimable et plus facile.

C'était un lieu de réjouissance, d'entente conviviale et de tolérance. Les habitués passaient d'une table à l'autre, on échangeait les bouteilles et les convives. Souvent, on ne finissait pas la soirée avec la jeune personne qu'on avait entraînée dans ce théâtre de folies parisiennes. Car c'était bien un théâtre. Le maître des lieux entrait dans la salle comme on entre en scène et improvisait avec le brio déclamatoire des Guitry, Saturnin Fabre et Pierre Bertin, des comédiens d'un temps où l'on savait encore articuler trois syllabes.

Mais venons-en à cette fameuse dégustation !

Jean-Claude Carrière avait convié quelques amis chez lui pour fêter Luis Buñuel qui repartait pour le Mexique. Buñuel étant un grand amateur de vins, Coffe avait décidé de le glorifier par une apothéose. Essayez de vous mettre à la place du dégustateur peu affûté que j'étais alors : vin de Madère 1804 (l'année du Sacre) provenant de la cave de l'Ogre impérial en personne, château-montrose 1928, château-léoville-las-cases 1929, château-talbot 1945 (mon année de naissance !) et un double magnum de château-lafite 1958, année exécrable, qui par miracle s'est révélé superbe. Pauillac, saint-estèphe, saint-julien ! Je n'étais qu'un novice ignorantin et ébloui, incapable, faute de pratique et de références, de me prosterner comme il convient devant des saints aussi majestueux. Un puceau au Chabanais !

Trente années ont passé depuis ce dépucelage solennel, trente années de formation pendant lesquelles mon palais s'est affiné de jour en jour. Il me reste à confesser qu'aujourd'hui je ne ferai jamais de folies pour un vin très vieux. Les vins de grand caractère, j'aime à les boire mûrs, vigoureux, quand ils sont dans la force de l'âge. Pour ce qui est de la sensualité bachique je ne suis ni gérontophile ni pédophile. Ce que les vins gagnent en devenant des antiquités ne vaut pas ce qu'ils perdent. Ceci n'est qu'une appréciation personnelle et je ne raffole pas des discussions concernant le vin qu'on est en train de boire. Les vins ressemblent aux gens. Comme dans la Comédie humaine, on en croise de francs, de fourbes, de cachottiers, de gais, de tristes, de bavards, de discrets, de purs et de frelatés. Il est des vins profonds et des vins légers, des bien roulés et des maigrichons, des prétentieux et des modestes, les insipides et ceux qui ensorcellent, ceux avec qui vous vous couchez le soir et que vous êtes tout de même heureux de retrouver au matin. Oui, les vins sont des vivants. Il en est de fréquentables et d'autres qu'il vaut mieux éviter.

Jean-Pierre Coffe a été mon premier mentor. Il m'a fait boire toutes sortes de vins, des triomphants mais aussi d'excellents petits vins, ceux qu'il appelle vins de soif, les compagnons de tous les jours. J'aime boire en sa compagnie, parce que sa compagnie est excellente et qu'il ne se gargarise pas comme certains critiques et dégustateurs professionnels avec de grotesques métaphores empruntées à l'anatomie féminine ou au vocabulaire des parfumeurs. Quand il débouche un flacon, il goûte, son visage s'épanouit avec malice et très gentiment il dit : « Essaie donc ça, tu vas voir. C'est drôlement bon ! » Ce commentaire me suffit. Un vin est bon ou pas, et puis c'est marre ! Hélas, je n'ai plus souvent le plaisir de trinquer avec Jean-Pierre. Le Morvan est trop éloigné de sa campagne et ce gladiateur du bien-vivre est trop accaparé par ses croisades. Vous aurez compris que cet ami délicieux me manque.

★

Mes années parisiennes ont aussi été embellies par un autre personnage, le colonel Daniel Sickles, un des bibliophiles les plus marquants de son époque. Dans le landernau des libraires et des commissaires-priseurs on l'appelait le Colonel. Son grade était-il factice ou avait-il réellement servi, comme il le prétendait, sous le général Patton pendant la guerre ? C'était un géant aux yeux pervenche, plus occupé sans doute à cueillir les roses de Cythère que les lauriers de Mars. Il aimait les femmes, les cigares, le théâtre, les bateaux de courses, les serins des Canaries et ma chienne cocker Pastelle. Bref, c'était un garçon qui aimait la vie. Colonel d'opérette ou non, il descendait en ligne directe du fameux général Sickles, héros de la bataille de Gettysburg. Il habitait un hôtel particulier du Champ-de-Mars qu'il tenait de sa maman, veuve d'une seconde noce avec le fils de Pierre Magne, un homme politique du second Empire. Quand j'ai connu le Colonel, Madame Magne venait de mourir presque centenaire. Dans le grand salon du rez-de-chaussée, le petit Sickles avait croisé Marcel Proust et Reynaldo Hahn. Il racontait volontiers que Cécile Sorel le prenait sur ses genoux. Toute sa vie il fut un enfant gâté. Nanti d'une fortune colossale et d'un physique de play-boy, il a gravité comme un personnage de Fitzgerald dans le Hollywood des années 30, où il fut très lié à Johnny Weissmuller, le champion olympique qui incarna Tarzan, et à Howard Hugues. Hollywoodien, il le resta toute sa vie, ce qui le rendait à la fois attachant et agaçant. A soixante-dix ans, ce goliath moelleux se comportait toujours en petit garçon capricieux. La librairie parisienne fut son terrain de jeux favori. Il collectionnait la littérature française du XIXe siècle avec un appétit boulimique. Il lui fallait non seulement toutes les éditions originales de Baudelaire, Sand, Hugo ou Nerval mais aussi tous les manuscrits et lettres qui se présentaient sur le marché. Pendant près de quarante années, il fut la providence des libraires et des salles de vente. Il jouait de son pouvoir de façon machiavélique et prenait plaisir à susciter des brouilles et des règlements de comptes entre marchands. La librairie, c'était son western.

A l'époque, cette vénérable profession virait inexorablement au foirail. Nous avions nos Indiens, nos cow-boys, nos shérifs et nos mauvais garçons, nos joueurs et nos tricheurs, nos justiciers, nos traîtres et nos putains, et si les affrontements n'étaient pas (encore) armés, le métier ne manquait ni de bagarres ni d'orgies, ni de tables de révisions, ni d'alliances inattendues, ni de « guerres de pâturages ». L'appât du gain détruit et répare bien des amitiés brisées à l'Hôtel Drouot ! Une sacrée corrida ! J'étais novice et bien trop nonchalant pour souhaiter me faire une place dans ce corral. Sauvage et peu doué pour le corporatisme, je pressentais que je ferais toujours cavalier seul. Plus que mon stock sans doute, ce sont ma désinvolture et ma fantaisie qui ont séduit le Colonel, car très rapidement nous sommes devenus intimes. Son amour des livres avait tourné à l'obsession. Pendant les rares moments où il ne dépouillait pas les catalogues et les offres des marchands, il lui fallait un confident, un complice avec lequel il pouvait parler de ses livres, de la crainte qu'il avait de voir échapper un précieux exemplaire des *Fleurs du mal* ou de celle de mourir avant d'avoir pu cocher tous les titres figurant dans le *Guide du bibliophile français des œuvres littéraires du* XIX*e siècle* de Marcel Clouzot. Ce petit manuel était sa bible. Qu'est-il devenu après sa mort, quand sa collection de plus de dix mille pièces fut dispersée en vingt catalogues à Drouot ? J'aurais dû lui demander de me léguer cette relique couverte de ses annotations.

Le confident, il l'avait eu à plein temps pendant quinze ans en Pierre Netange, son bibliothécaire privé, un homme discret et lettré qui avait réussi l'impossible : classer et ficher cet ensemble titanesque.

Désemparé tel un orphelin après le départ de son bibliothécaire, le Colonel a épuisé quelques mercenaires qui ont tous, plus ou moins rapidement, déclaré forfait. Travailler pour ce phénomène relevait du sacerdoce, car il était tyrannique, capricieux et très accaparant.

Je tombai à pic, car j'étais célibataire, disponible, très bon public. Je l'aimais autant pour ses qualités que pour ses défauts. Cet homme souffrait surtout de solitude. Il entretenait quelques maîtresses auxquelles il ne demandait d'ailleurs pas grand-chose, si ce n'est de l'accompagner au théâtre, à Roland Garros ou à Cannes pour des courses de bateau. Quand il partait pour New York, il me demandait parfois de faire le courtier de ses galanteries. Il me confiait alors plusieurs enveloppes avec les mensualités que les cocodettes venaient cueillir dans ma boutique. C'était de la volaille labellisée jet-set, comédienne ou femme du monde, très différentes des adorables fleurs de bitume qui jouaient aux cartes dans le bistrot d'à côté.

Plusieurs fois par semaine, lorsqu'il était seul, le Colonel voulait que je dîne chez lui. Il me recevait en caleçon et robe de chambre, couché dans un petit lit encombré de romans de James Hadley Chase, au milieu d'une pièce-bibliothèque qui renfermait le premier choix. Sur les cimaises étaient alignées quinze cages où chantaient des canaris.

« Donnez-moi mon Clouzot ! On va cocher ce que j'ai acheté cette semaine. »

Après une ou deux heures de babillage bibliophilique sur fond de canaris, de cancans de librairie et de vitupérations contre tel ou tel marchand « ce salaud qui me doit tout et qui vend à mes rivaux », nous passions à table. Sa cuisinière Amma était chinoise et patiente. En général le repas était simple, mais le vin toujours exceptionnel. Les bouteilles provenaient sans doute de la cave maternelle, car en matière œnologique le Colonel était béotien et criminel. Vous le croirez difficilement, ce satané Yankee versait de la limonade dans son verre de haut-brion, de margaux ou de pommard ! Il n'aimait que les sodas et les sucreries. Mes cris d'indignation le mettaient en gaieté.

Il fut sans doute l'un des derniers milliardaires américains de l'espèce excentrique. Les nouveaux nababs sont bien moins divertissants. Le Colonel était très drôle. Parfois d'une grossièreté inouïe sans pour autant se départir d'une grande classe, soudainement il devenait fondant, fragile et vraiment émouvant : un petit garçon de soixante-dix ans, comme celui de la chanson de Trenet « qui voyageait avec sa maman ». Pour moi, il fut un véritable mécène, doublé d'un maître ès vanités mondaines, une sorte d'oncle libertin échappé d'un roman de mœurs du XIXe siècle. Il s'était mis en tête de faire de moi un « homme du monde », avec tout ce que cette qualité exige de cynisme, de frivolité, de roublardise et d'accessoires. Les accessoires, j'ai consenti sans mal à en adopter certains. Daniel Sickles a réussi à faire de moi un aficionado des cigares cubains. En revanche, lorsqu'il me forçait à l'accompagner au théâtre avec l'une ou l'autre de ses croqueuses, je n'ai jamais accepté de le raccompagner avec la dame après le spectacle. Et si j'ai souvent déjeuné à son Club, le Nouveau Cercle, j'ai refusé d'en devenir membre, à sa grande déception, car il avait beaucoup intrigué pour mon admission. Une idée vraiment loufoque, car ce club strictement réservé au beau linge n'aurait su que faire d'un turlupin de mon espèce. Mais quand ce Cercle s'est mis à décliner, j'ai acheté une partie de la bibliothèque.

Un jour, il m'a convoqué pour me faire part d'un nouveau projet. Il avait décidé de me marier.

« Mon cher, pourquoi rester marchand, alors que vous pourriez devenir collectionneur ? Il vous faut un bon parti et je connais plusieurs jeunes femmes qui seraient ravies d'épouser un coco comme vous. Vous êtes beau garçon *(Tempus edax rerum !)*, cultivé, et vous n'avez pas de morale. Tout pour réussir ! »

Je lui ai dit que j'étais foncièrement attaché à ma liberté, que je ne me voyais pas en laisse, même signée Hermès, et que mes mœurs étaient bigarrées. Mais il a éclaté de rire.

« Quelle importance ? Mariez-vous et faites ce qu'il vous plaira ensuite. Verlaine, Oscar Wilde et Loti étaient mariés, non ? »

Il n'a pas renoncé pour autant à ses projets matrimoniaux, allant jusqu'à me tendre quelques traquenards. Un matin, il me cueille à la librairie pour un déjeuner privé au Salon de l'automobile. Le Colonel était très attaché à sa petite voiture de sport rouge, un bolide exigu qui ne convenait guère à sa colossale majesté. Je l'ai souvent charrié quand je le voyais extraire à grand-peine sa carcasse de cet absurde piège à gigolettes. J'étais persuadé qu'il voulait acheter une voiture plus appropriée à son gabarit et lui ai même suggéré qu'une Daimler conviendrait tout à fait à son genre de beauté.

« On verra ! En attendant nous avons mieux à faire. Vous auriez pu mettre une cravate ! »

En arrivant porte de Versailles, j'ai tout de suite flairé le guet-apens : une table d'apparat garnie de fleurs, porcelaine fine, argenterie et seau à champagne, dressée dans un salon coquet derrière des paravents publicitaires d'une grande marque de voitures étrangère. Le président himself m'accueille avec des politesses de futur beau-père. Belle-maman est alors apparue entre les palmiers du décor, une très belle femme d'origine iranienne, suivie d'un valet porteur d'un petit seau en vermeil rempli de caviar tout aussi iranien et d'une jeune fille grassette et peu gracieuse. Je me suis demandé ce qu'on avait pu lui raconter avant de la traîner dans cette galère. La malheureuse héritière n'a pas desserré les dents pendant tout le déjeuner. En réalité, j'étais plus embarrassé qu'elle. Pour déplomber l'atmosphère, je lui ai parlé de livres, de films noirs, de chiens jaunes, de chats baroques et de poètes persans, de recettes de cuisine, de forêts tropicales, de Schubert et de Billie Holiday sans rien tirer d'elle que de timides *Ah oui !* Pendant ce temps, mon judas de colonel me fourguait aux géniteurs avec un baratin de marchand de bagnoles. J'étais la bonne occase ! En quittant cette grenouillère, j'ai failli la jouer « le cave se rebiffe », mais le tartuffe se marrait comme un loustic après une farce. Le Colonel raffolait des comédies de boulevard. Il m'a voulu jeune premier, j'ai donc joué ma réplique : « La mère me plaît mieux que la fille ! — Vous avez raison. Ne désespérez pas ! Un jour elle sera une veuve très riche. »

Rideau ! Le Colonel avait toujours le mot de la fin.

Quand j'ai quitté Paris pour m'installer dans la Nièvre, il m'a offert la salle à manger de sa maman : une grande table de seize couverts et quatorze chaises du plus beau Louis XVI. Lorsque je reçois, je pense toujours à cet ami merveilleux et « tout là-haut, du haut du Ciel, sa demeure dernière, il est content mon Colonel, il est content mon Colonel, ou du moins, ou du moins je l'espère »…

XII

Ceux qui aiment le vin selon les critères mystiques du « pur amour », ne le trompent jamais avec d'autres breuvages. J'envie ces dévots. Vingt fois, cent fois, j'ai voulu me convertir à la seule grappe, jurant de renoncer aux boissons sataniques, aux coquetèles ensorceleurs, à tous les pousse-au-crime, vitriols, carbures et autres tord-boyaux folkloriques ou exotiques qui rôdent de par le monde, cherchant sans cesse de nouveaux foies à dévorer. Mais voilà, je suis beaucoup trop curieux pour être fidèle à quoi que ce soit, pensant avec Monsieur de La Rochefoucauld que « la violence qu'on se fait pour demeurer fidèle à ce qu'on aime ne vaut guère mieux qu'une infidélité ». Pour avoir consacré une partie de mon existence à l'escampette, je me suis retrouvé avec une douzaine de patries d'adoption : Allemagne, Egypte, Helvétie, Turquie, Californie, Sussex, Guyane, Maroc, Argentine, Rome, Cuba, Antilles, Syrie, Nouvelle-Calédonie… sans parler des pays où je n'ai jamais mis les pieds mais qui, pour des raisons littéraires, me sont tout de même patries. Car pour les buveurs et les écrivains, les histoires les plus vraies ne sont pas celles qui sont véritablement arrivées. Le résultat le plus déplorable de ce cosmopolitisme est la pratique assidue des breuvages indigènes de toutes ces terres d'adoption. Pour parodier l'irrécusable plaidoyer de Madame Arletty, je dirai : « Excuses, Monsieur le Président. Mon cœur est au vin français, mais est-ce ma faute si j'ai le gosier international ? »

En Guyane, j'ai été mis au parfum du rhum. Je ne demandais qu'à succomber car le rhum est une boisson intelligente. Je ne sais pas très bien ce que je veux dire par là, mais je me comprends. Pour faire la pige à l'ami Charles Dantzig, je trousserai peut-être un *Dictionnaire égoïste des boissons*, si mon éditeur veut bien financer les travaux pratiques exigés par une telle entreprise. En attendant, vous devrez vous contenter de cet axiome : le rhum est une boisson intelligente. Commencez-vous à comprendre si je dis : le gin est une boisson bête ! Essayez donc de vider une demi-bouteille de gin pur et donnez-moi des nouvelles le lendemain matin. Le gin ne sera jamais une boisson d'hommes. C'est un poison pour femmes seules et homosexuels tristes. Une experte en tribaderie m'a assuré que les lesbiennes anglaises se poivraient au gin saphir, un gin coloré avec du bleu de méthylène, de Mitylène devrais-je dire, puisque nous sommes chez Sapho. L'ivrognerie féminine au gin est avérée depuis le XIXe siècle. Jules Simon affirme qu'en Angleterre les débits de gin reçoivent plus de femmes que d'hommes. Avec Théodore de Banville,

Laissons à l'Angleterre
Ses brouillards et sa bière !
Laissons-la dans le gin
Boire le Spleen !

Le gin rend fou. Il « énerve l'âme et corrompt le sang d'un nombre infini de malheureux». Ce constat est de Francis Wey dans *Les Anglais chez eux*. Et ce n'est pas Balzac qui dirait le contraire. Dans *Splendeurs et misères des courtisanes*, la plus belle fille de Londres, ivre de gin, tue son amant dans un accès de jalousie. Marchenoir, le désespéré de Léon Bloy, noie son âme douloureuse en vidant d'un trait un verre de gin. Ah ! vraiment, le gin est un triste médicament. Dilué en cocktail, il n'est guère plus folichon. Pour Jean-Paul Sartre «le gin-fizz avait un goût de limonade purgative. Ça s'éparpillait en poussière acidulée sur la langue et ça finissait par un goût d'acier».

Pardonnez-moi, chers piliers de pubs britanniques, de flétrir ainsi une de vos potions nationales. Clouez-moi au pilori des imposteurs car j'ai succombé au gin plus d'une fois, sous la forme la plus raffinée et la plus traîtresse qui soit : le Martini dry . J'ai connu ce cocktail viril dans des circonstances liturgiques, à New York en compagnie de mon compère Carrière. C'était au bar du *Piazza*, un lieu de rendez-vous très fréquenté et interdit aux femmes. Il n'existe plus aujourd'hui. Buñuel nous avait convoqués un soir dans ce haut lieu de recueillement pour communier sous l'espèce Martini dry, sa boisson préférée. Dans ses Mémoires il déclare que ce cocktail a joué un rôle primordial dans sa vie : « Les véritables amateurs, qui l'aiment très sec, prétendent qu'il fallait simplement laisser un rayon de soleil traverser une bouteille de noilly-prat avant d'aller toucher le verre de gin. Un bon Martini dry, disait-on à une certaine époque en Amérique, doit ressembler à la conception de la Vierge Marie. Selon Thomas d'Aquin, le pouvoir générateur du Saint-Esprit traversa l'hymen de la Vierge comme un rayon de soleil le noilly-prat. » C'est un peu excessif, mais très bunuélien ! Les cocktails, comme certaines musiques banales, vous hantent parfois à cause des souvenirs des personnes avec lesquelles vous les avez partagés. J'ai souvent bu des Martini dry au bar du Lutetia en pensant à Buñuel. J'ajouterai, mais c'est purement esthétique, que j'aime les verres à cocktails dans lesquels on sert cette boisson favorite des Américains racés. Après ce copieux florilège, on va plaquer définitivement le vitriol anglois pour nous blinder avec les torrides élixirs équinoxiaux.

C'est en France équinoxiale donc, en écoutant choir les papayes, que j'ai succombé aux sortilèges du rhum. J'étais une proie facile, le rhum est empoisonné de littérature. Ses vapeurs exaltent les cerveaux sensibles et fiévreux qui pour un rien, deux ou trois clichés exotiques de chez Carco, Cendrars ou Supervielle, vont se perdre dans les nébuleuses formées autour du monde fantasque que l'on appelle poésie. Cœurs fatigués, lourds de balivernes et de bile et pourtant farouches, que des sirènes de contrebande attirent trop facilement vers les récifs chimériques. Le chant captieux de ces vieilles sirènes m'a conduit pour deux longs séjours vers le morne soleil et la mer aux flots jaunes de Guyane. Les marins brésiliens cuvant dans la touffeur des cales des tapouilles, les trombes d'eau qui crépitent sur les tôles des cases, les putains de la crique de Cayenne, les longues marches dans la forêt primitive, les ibis rouges ondulant comme des cerfs-volants chinois sur la pointe des Hattes… Cher Marcel Thiry, si je n'ai point pâli au nom de Vancouver, j'ai bel et bien vu « la Croix du Sud, le vert des perroquets et le soleil sauvage ». Je fus « ce soldat pérégrin sur le trottoir des villes inconnues » qui tangue en sortant d'un bar d'ennui, dans la nuit moite aux relents de végétaux putrides. Une sacrée mangrove, avec tous les ingrédients d'un mauvais roman, un de ces canulars exotiques pour pékins en mal d'aventures. Dans cet environnement, le rhum allait de soi. Dévoré nuit et jour par les maringouins, je me refaisais le sang à coups de tafia. Dans la moiteur des saisons de pluie, les vêtements ne sèchent jamais, les corps marinent à perpète dans un jus visqueux de fièvres et de sueur aigre. Les âmes rouillent comme les maillots rancissent. Mes « fleuves impassibles » s'appelaient Approuague, Sinnamary, Comté, Maroni ou Oyapock, et si mes aubes furent moins navrantes, c'est parce que le rhum « m'a gonflé de torpeurs enivrantes ». Le rhum a été mon mithridate, mon viatique, mon eau bénite, mon sublime et fidèle perlimpinpin. On s'est aimés, lui et moi, vous devez me croire, et notre histoire n'est pas finie.

Aujourd'hui encore, quand il m'arrive de cocufier le vin, c'est surtout avec lui. Son parfum illumine l'hiver morvandiau du souvenir de quelques femmes créoles, de flirts bronzés et d'alizés nostalgiques. Joyeuses bordées dans les bouges de Cayenne, hamacs tourmentés, rêveries canailles.

Quelques années après mes performances guyanaises, j'ai récidivé aux Antilles. En Martinique j'ai compris que le rhum était une civilisation, une culture acquise depuis des siècles, avec ses croyances et coutumes. Depuis mon « entrée en librairie » mes virées furent presque toutes des pèlerinages de bibliophile. Les récits des anciens voyageurs, une planche d'un vieux livre, et c'est l'appareillage ! *L'Histoire des Antilles* de 1658 de César de Rochefort, celle du Père Du Tertre que je possède dans l'édition de 1667 et les *Voyages du Père Labat* de 1722 furent la poudre de cette nouvelle escampette vers les anses d'or et les mornes verts. Ces courageux missionnaires ont été fortement appuyés par l'invitation de mes amis Jean-Christophe et Pascale Lauters, fixés depuis peu à Saint-Pierre. J'avais connu le couple à

Cayenne, dans leur bar-restaurant de la rue Lalouette, un soir de quête du bar idéal avec deux copains légionnaires. En posant le pied sur le caillebotis de bois violet, j'ai tout de suite compris que je l'avais trouvé. Derrière le bar, un beau brin de brunet, genre gabier tombé d'un mât de Melville, était en train de secouer le shaker sur un rythme caraïbe. En voyant ma tronche, il a poussé trois cris de mouette bretonne, m'a fait un clin d'œil malicieux, style « craignez rien, je sais à qui j'ai affaire » et nous a bouté trois verres de punch. Un abordage aussi cocasse, c'est de l'entente tacite, un discret prélude à ce qui deviendra une amitié durable. Dans la salle, une jeune femme rousse, que je trouvais très belle parce qu'elle me faisait penser à certains modèles d'Egon Schiele, un genre de vénusté qui ne crispe que les esthètes ténébreux, servait les clients avec une indifférence dédaigneuse.

J'étais fasciné.

« Je vois que Monsieur est intrigué par ma femme.

— Oui, je lui trouve une séduction peu banale.

— Ah, Monsieur est connaisseur ? En effet elle est très spéciale. »

Sur les coups de trois heures du matin, nous étions plus que frères. Il paraît que j'ai titubé vers ma voiture en hurlant : « Rhum, unique objet de mon ressentiment ! » Une biture aussi cornélienne méritait une opération de sauvetage. Ils m'ont emmené chez eux. Entre ces deux-là, c'était l'amour passion, un amour de tigres. C'est le seul cas que je connaisse d'amour fou éternel. Vingt ans après notre rencontre, ils continuent toujours à se déchirer et à s'aimer comme des fauves. Quand je les ai retrouvés à Saint-Pierre, Jean-Christophe s'occupait d'une affaire de sous-marin touristique pour visiter les épaves. La claustrophobie m'interdisant ce type de distraction, j'en ai profité pour visiter toutes les rhumeries de l'île, les célèbres comme les plus petites, les distilleries familiales. A la fin de mon séjour, des journalistes locaux m'ont attribué un Prix de Rhum, distinction que j'aurais dû faire graver sur ma carte de visite. Un musicien que j'ai connu au Festival d'Aix dans les années 60 se présentait volontiers comme

Prix de Rome et de whisky. Comme quoi, une éducation artistique ébauchée sur les bords du Tibre peut s'affiner avec des ondoiements moins aquatiques.

Mes chers amis, si vous croisez en Guyane, je vous conseille de faire escale au *Paris-Cayenne*. Le Nautilus martiniquais a pris un bouillon et mes amis sont retournés dans leur restaurant. C'est l'une des meilleures tables du coin.

Mes noces alchimiques avec la canne à sucre se sont poursuivies à Cuba, dans les estancos du port de La Havane, comme le *Dos Hermanos* où Lorca guignait les hanches qui roulent des marins du *Santa Maria*, ou à la *Casa del Tango* plutôt que dans les bars de Hemingway inscrits sur les circuits touristiques.

L'an dernier, dans un bar de Saint-Malo, pendant le Festival des Etonnants voyageurs, j'ai demandé un vieux rhum pour cortéger un double corona. Saint-Malo est l'une des rares cités françaises où l'on trouve de bons rhums dans les bars. Le barman m'a proposé plusieurs provenances. J'ai opté pour un vieux bally de 1962, en disant que j'aimais beaucoup le rhum martiniquais. Un Antillais tout ce qu'il y a de raffiné s'approcha alors de ma table et me lâcha d'une voix suave : « Monsieur, si vous étiez un vrai connaisseur, vous sauriez que le bon rhum est guadeloupéen ! » Quand je me réfugie dans un bar après minuit, c'est pour dialoguer avec des dieux invisibles dans le plus grand recueillement. Pas question alors de me brouter le grand sympathique avec des discussions régionalistes. Très poliment, j'ai éconduit le spécialiste en lui promettant de réformer mon palais. La guerre des rhums n'aura pas lieu ! J'ai appris le lendemain que ce chauvin était poète. Il m'a fait penser à l'affrontement littéraire qui s'était joué sous Louis XIV entre deux poètes néolatins, Messieurs Grenan et Coffin. Le premier a vu le jour à Noyers, un joli village des bords du Serein, l'autre est né à Buzancy près de Reims. Ils ont chanté chacun le vin de leur province en dénigrant l'autre.

En 1711, Grenan composa une *Ode sur le vin de Bourgogne* dans laquelle il accorda à la feuillette bourguignonne une prééminence sur le vin pétillant de Champagne. Ce petit poème contribua à sa célébrité, car il donna lieu, entre lui et son collègue Coffin, à une sorte de combat littéraire qui fit grand bruit et amusa le public. Coffin s'étant trouvé à table en compagnie du professeur Hersan, ce dernier lui reprocha, par plaisanterie, son peu de solidarité champenoise après la parution du texte de Grenan. Coffin répondit alors par une ode pleine de feu, intitulée *La Champagne vengée, ou éloge du vin de Reims, élégamment mais injustement blâmé par un poète bourguignon.* L'affaire n'en resta pas là et le badinage vira au pamphlet ! Grenan adressa au célèbre Fagon, médecin du roi, une requête en vers, visant à faire interdire le vin de Champagne, comme nocif à la santé. Coffin répondit par un décret en vers, soi-disant rendu dans l'île de Cos, qui, avec beaucoup d'ironie, tranche en faveur du champagne, tout en laissant croire au bourgogne qu'il était vainqueur. Charmante époque où deux savants pouvaient divertir la France entière avec des plaisanteries rédigées en vers latins !

⋆

Quand je pose mon sac pour un séjour de longue durée sous d'autres latitudes que mon Bazois, j'adopte les coutumes du pays d'accueil et m'efforce de vivre plus ou moins comme les indigènes. C'est une question de politesse et parfois de survie. Et puis, pourquoi négliger les pâtures nouvelles ? Je ne connais rien de plus idiot, de plus éloigné de la curiosité que l'assuétude du touriste biftèque-beaujolais réclamant son pastis à Santiago de Cuba ou son whisky en Amazonie. A chaque climat sa pommade ! Le jour où je serai coincé dans une hamada où les natifs se rincent au jus de crotale, je trinquerai au jus de crotale.

En Turquie j'ai carburé au raki, à Alep j'ai arrosé mon mezze à l'arak, chez les Indiens Galibi, de façon rituelle, j'ai ingurgité et rendu des litres de bière de manioc, un breuvage qui n'a d'ailleurs rien à voir avec la bière. On l'obtient en laissant fermenter dans l'eau de la farine de manioc cuite sur une plaque et additionnée de racines d'une plante qui teinte la mixture en rouge. Ce n'est pas bon, pas vraiment mauvais non plus. On dirait un mélange acidulé de bon-

bon anglais et d'aspirine. Ça se boit facilement et, une demi-heure plus tard, la tête tourne. On dégueule et on recommence. Je crois que cette bibine émétique s'appelle *tachiri*.

En Norvège, j'ai fait des cures de harengs et de saumons avec de copieuses irrigations à l'aquavit, et sur la lande de Lunebourg j'ai abusé, par pur vice, du Ratzeputz, un élixir proprement déflagrant, un vrai napalm !

Ne voyez aucun dédain dans cette énumération cavalière d'alcools exotiques. Bien au contraire ! La plupart de ces boissons sont confectionnées artisanalement, selon d'anciennes traditions. J'admire, avec la ferveur d'un pratiquant, la merveilleuse science des distillateurs, qu'ils alambiquent des grains, des racines, des fruits, des fleurs ou des patates. Ce qui me tracasse aujourd'hui, ce sont les sous-produits industriels de cette science, toutes les mixtures de supermarché, ces sournoiseries exotico-chimiques multicolores qui veulent donner au smicard l'illusion d'une plage de Copacabana ou de Malibu. Celles-là, je les ai à l'œil. Il serait temps de prendre des mesures d'assainissement, car au rayon alcools on ne trouve quasiment plus que des produits frelatés, dégénérés, maquillés, contrefaits et passablement dangereux. Le marché du spiritueux, comme celui de l'art, de la fesse, de la boustifaille, de l'édition, du cinéma, de la politique et de la musique, est soumis à la compétition générale. Le consommateur, ce crétin lobotomisé par la publicité, prend de plus en plus des lessives pour des sauternes. Le nombre l'emportant sur la qualité, l'acheteur avale de l'abrasif pour de l'hydromel, du Norah Jones pour du jazz, de l'Arthus-Bertrand pour de la photo et du dégueulando Rieux, cette calamité à cordes, pour le violon de Henryk Szeryng. Parmi les récentes fourberies commerciales, j'aimerais stigmatiser une boisson particulièrement vicelarde vendue en toute impunité par les fabricants de sodas pour inciter la jeunesse à boire de l'alcool. C'est sucré, parfumé au roudoudou et ça contient assez d'antigel (en général de la vodka de merde) pour créer l'accoutumance. Mais que fait la Santé publique ? Où sont les prêcheurs faux-derches et les argousins de la vertu qui enfourchent leur bucéphale pour quelques feuilles de botanique à voyages ?

Les vieux Lorrains de mon enfance coulaient du schnaps dans les biberons. La coutume était purement médicinale, donc innocente. Et l'eau-de-vie n'était pas frelatée.

Après cette petite catilinaire, je vous propose une virée chez les serpents à sonnette, vers les déserts où poussent les cactus et les agaves. Agave vient du grec et signifie « l'admirable ». Dans la mythologie, Madame Agaue est la tante de Dionysos, dieu du vin, un lignage cocasse quand on sait qu'avec le jus de l'agave on fabrique la tequila.

C'est à Patagonia, un bled d'Arizona près de la frontière mexicaine, que j'ai fait connaissance avec la tequila. Jim Harrison y passe ses hivers dans une petite maison perdue au fond d'un canyon au bord de la rivière Sonoita. Il m'invite parfois pour la saison des cailles et des pigeons.

A Patagonia je n'ai jamais rencontré de Patagon, à mon grand regret, car je suis Vice-consul de Patagonie pour le district du Morvan. En revanche, vous y croiserez bon nombre de cow-boys et de Mexicains (l'Arizona c'est le Mexique, mais les Américains ne le savent pas) mais aussi des Indiens Apaches ou Navajos. Cochise a longtemps campé dans le secteur. Qualifiée de « joyau de la Vallée Sonoita », Patagonia est nichée entre les grandioses montagnes Santa Rita et les hauteurs rouges des Patagonia Mountains. La cité fut fondée à la fin du XIXe siècle par un riche propriétaire de ranches et de mines venu de Pennsylvanie. Une ligne de chemin de fer, la New Mexico and Arizona Rail Road, venait d'être inaugurée. Le promoteur avait compris que, grâce au train, la région deviendrait un opulent centre de commerce et un important marché de bétail. Certaines dynasties d'éleveurs sont établies dans la région depuis cinq générations. La ligne de chemin de fer s'est arrêtée en 1962 et la gare en bois peint sert aujourd'hui de mairie. Les cinéphiles ne seront pas dépaysés quand ils croiseront entre les forts Buchanan et Crittenden, Harshaw et Lochiel, car plusieurs films ont été tournés dans ce coin : *Red River* de Howard Hawks avec John Wayne et Montgomery Clift, le western musical *Oklahoma*, ainsi que *Tin Cup*, une golferie avec Kevin Costner et le merveilleux *Young guns* avec Terence Stamp, Jack Palance et une bande de kids enragés dont le plus célèbre s'appelait Billy. Actuellement, Patagonia ne possède plus qu'un motel, une église catholique dédiée à Thérèse d'Avila, un temple adventiste et une église baptisée Patagonia Community Church, où l'on pratique je ne sais quel culte, l'*Angelo bar*, seul endroit où l'on sert du vrai café, cinq restaurants médiocres, une excellente taverne mexicaine, un libraire, quelques galeries d'art local et deux bars. Le saloon-bordel et le petit Opéra qui fleurissaient vers 1900 ont fait long feu.

Le *Big Steer* est une enseigne peu engageante. C'est une longue bâtisse avec une façade aveugle arborant une tête de taureau On y entre par une porte métallique. C'est le genre d'endroit où l'on pressent qu'il ne peut rien arriver de bon. Malgré, ou peut-être à cause d'une formelle interdiction harrisonienne, je m'y suis engagé plus d'une fois. L'ambiance délétère de ce tripot, les rôdeurs de frontière, trafiquants, proxénètes, braconniers et autres gibiers de potence qui fréquentent là, ont inspiré le Blue Steer de mon polar *Palomas Canyon.*

A côté de ce coupe-gorge, le populaire *Wagon-Wheel Saloon* fait figure de bar de famille. En semaine, il est aussi gentillet que la *Petite maison dans la prairie*, mais le week-end on y assiste parfois à de belles bagarres. Comme presque tous les bars de cette région frontalière, il attire une faune très variée, ranchers, cow-boys, chicanos qui vendent de la drogue, poivrots excités et quelques créatures mystérieuses et vulgaires.

Les indigènes consomment surtout de la bière et de la tequila et ne font pas grand cas du vin local. Les publicités ont beau prétendre que les vins de Sonoita sont « some of the best wines that can be found outside of France », le picrate arizonien, c'est du jus de tarentule.

Question tequila, j'étais novice. J'ai demandé à Jerry Thusamel, barman au *Wagon Wheel*, de bien vouloir m'affranchir. Selon Jim, le passé de cet homme serait coloré. Jerry ne se raconte pas, mais ses façons sont assez éloquentes. Après une semaine d'acculturation patiente, j'ai commencé à piger qu'il existait une hiérarchie pour le jus de cactus, exactement comme pour les cognacs, armagnacs, rhums, prunes et mirabelles.

Avant mon premier séjour en Arizona, je n'avais jamais apprécié la tequila pure. A cause d'une chanson de Mac Orlan et de la pauvre Margaret qui, dans une impasse de Tampico, trouve un sens à sa destinée, j'ai plus d'une fois brouillé celui de la mienne avec un tampico, cocktail à base de tequila, Cointreau, Campari et citron. En proie à des fantaisies de type cucaracha, j'ai aussi siroté des margaritas, des ridleys, des tequila sunrises, vera cruz, révoluciones et autres acapulcos. A chacun son Graal !

Le bar du *Wagon Wheel* est une stupéfiante téquilathèque. En moins d'un mois, le bizut est devenu expert. Si vous vous égarez un jour au sud de Tucson pour visiter le *OK Corral* de Tombstone ou les mines de Bisbee, dans les Dragoon Mountains ou chez les ornithologues de San Pedro, autant profiter de ma science. Vous voulez une bonne tequila ? Demandez une *Mezcal Minero*, une *Tres Generaciones* ou encore de l'*El Amo*

Aceves. Si vous êtes argenté et que vous voulez fêter quelque chose, optez pour la *Herradura Selection Suprema*. Il n'y a pas mieux, mais elle coûte quatre fois plus cher. Pour égayer votre gueule de bois, beau bois exotique, lisez l'explosif *Mickey le Rouge*, un roman de mon ami Tom Robbins, dans lequel vous trouverez cette hallucinante apologie : « Tequila, miel de scorpion, aigre rosée des terres de chien, essence aztèque, crème de cactus ; tequila huileuse et thermique comme le soleil en solution ; tequila, géométrie liquide de la passion ; tequila, dieu busard qui copule dans les airs avec les âmes des vierges mourantes s'élevant vers les cieux… Tequila, pyromane qui incendies la maison du bon goût, ô tequila, eau sauvage de sorcellerie… »

XIII

Alfred Jarry, qui n'a jamais résisté à ses penchants éthyliques, achetait du vin en barriques avec sa sœur. Rachilde raconte qu'à eux deux ils s'envoyaient dix à douze litres par jour. Ils commençaient au vin blanc, puis passaient à l'absinthe et finissaient au café-marc. Jarry est mort à trente-quatre ans, miné par l'alcool et la tuberculose. Sobre, il n'aurait sans doute pas échafaudé la science des solutions imaginaires. Alphonse Allais vivait de mystifications et d'apéritifs. Sobre, il n'aurait sans doute pas imaginé la production de caoutchouc par le pistil des résédas, ni la Société Générale de Publicité dans les Pissotières du Soudan. Charles Cros, grand absintheur, trinquait avec les Vilains Bonshommes, avec les Hydropathes et les Zutistes deuxième époque. Dans les cafés il récitait son fameux *Hareng saur* contre des tournées. Sobre, il n'aurait sans doute pas réussi à mettre en fureur les gens, graves, graves, graves... Raoul Ponchon a conduit la Muse gaillarde, la Muse vagabonde et la Muse frondeuse. Sobre, il aurait sans doute épousé la Muse du département pour lui faire une douzaine de vilains enfants. Vélocipédiste comme Jarry, Charles-Albert Cingria se promène en Italie, en Espagne, en Afrique du Nord et en Turquie et publie des plaquettes confidentielles pour amateurs émerveillés. Puis il s'éteint à Genève, d'une cirrhose du foie. Sobre, il n'aurait sans doute pas décrypté les énigmes du monde. De Fargue et Larbaud, on disait pudiquement qu'« ils fréquentaient les cafés ». Que dire de Prévert, Desnos, Queneau, Blondin, Fallet, Carco ? De Marguerite Duras et de Renée Vivien ?

Il existe une anthologie des poètes morts de faim, des poètes sociaux, des poètes patriotiques, des poètes macabres, des poètes morts à la guerre... Je connais plusieurs bottins d'écrivains homosexuels, un autre de poètes marins, mais je ne sache pas que quelqu'un se soit jamais attelé au dictionnaire des écrivains biberonneurs. Une telle entreprise exigerait un mécène ! L'éditeur de la chose devra mettre quelques grandes marques dans le coup, car si l'on remonte jusqu'à Rome, Byzance et Bagdad, il faudra prévoir cinq ou six tomes, douze ou quinze si on traite aussi des musiciens, peintres et sculpteurs alcooliques.

De Virgile et Martial aux romanciers américains du XXe siècle, l'anthologie d'Apollon dans les vignes est incommensurable.

« Le lecteur européen s'étonne souvent de la quantité d'alcool consommée dans les romans américains contemporains, dit John Brown dans son *Panorama de la littérature aux Etats-Unis.* C'est qu'on y boit moins pour le plaisir que pour l'ivresse – qui engendre l'impression éphémère de la camaraderie, du "coude à coude". Aussi, l'alcool sert à endormir cette culpabilité puritaine... qui demeure une constante dans la pensée et la littérature américaines. » Jack London, Hemingway, Fitzgerald, Faulkner, Thomas Wolfe, Chandler, Kerouac, Brautigan, Lowry, Bukowski... buvaient-ils pour endormir une culpabilité puritaine ? Quelle blague ! La question ne peut passionner qu'une pauvre bête de thésard, ou la cuistraille qui jargonne dans les colloques. Il y a quelques années, je suis tombé dans un guet-apens de ce genre : les écrivains et l'alcool. Les organisateurs de cette bouffonnerie voulaient hommager mon ami Crumley, colossal romancier de Missoula et grand buveur. Les participants et l'auditoire n'ont vu que le buveur, sur les talents de l'écrivain, ils ont fait l'impasse. J'ai rarement entendu autant de fadaises, de lieux communs et de banalités. L'alcool et l'écriture ! Et pourquoi pas le football et la pédérastie, la musique contemporaine et la paupiette de veau ? Je ne crois pas que l'alcool soit d'un grand secours lorsqu'on écrit. En revanche, je peux affirmer qu'il réconforte drôlement pendant les périodes où l'on n'écrit pas.

Pour avoir pondu deux énormes bibliographies sur la table et le vin, je suis régulièrement convié à des manifestations dites culturelles sur le thème de la littérature et de la table. Dans le cadre de la pitrerie annuelle titrée *Lire en fête*, je me suis laissé entraîner en Italie. J'aurais dû me méfier, car la sauterie était orchestrée par des organisateurs politiques, une engeance qui n'a strictement rien à foutre de la littérature. Lire en fête ! Avec des scribouillards amateurs ou professionnels. Par amateurs, j'entends des types comme moi, des bons garçons qui ne boudent ni la table ni le carafon et qui ont, d'une façon ou d'une autre, servi dans la littérature gastronomique. Et puis, les professionnels, les spécialistes de l'échalote ou du pois chiche, les histrions du comestible, les dottore et professore, les bas-bleus sévissant dans la littérature pour lardons, les obèses repentis, les diététiciens, les poètes à la mords-moi-le-cornichon et l'inusable Meilleur Sommelier qui continue un peu partout à faire prospérer son fonds de commerce avec un label presque effacé, datant de l'an 1935 ou 1972, je ne sais plus très bien. Meilleur sommelier du monde, c'est de la rente *ad vitam,* comme pour les ministres. Bla bla bla… Et pour ce qui est de la fête, ennui, fadeur et ceinture !

Le radieux Apollon et sa troupe de Muses, Comus et Bacchus, les dieux miséricordieux présidant aux joies de la table, ont de tout temps visité les festins, les cuisines, les vignobles et les cabarets pour inspirer les poètes de tavernes, ces « clercs d'ivrognise » qui se passent du rossignol, de la rose et de l'aurore pour farder leur lyrisme. Si vous voulez déceler les sources des inquiétudes de l'esprit et du cœur, courez chez Villon, Théophile de Viau, Angot de l'Eperonnière, Roger de Collerye, Basselin, Le Houx, chez Claude Le Petit et Philippot Le Savoyard… tous « sublimes escarpes », tous ripailleurs et grands poètes.

Un poète qui boit, ce n'est pas la même chose qu'un ivrogne qui écrit. Le premier dira : « *Votre âme est un paysage choisi que vont charmant masques et bergamasques…* » Du second, vous obtiendrez : « *La lave tiède de tes yeux coule dans mes veines malades…* » Vous pigez la différence ?

★

Je ne suis pas poète, mais toujours j'ai vécu en poésie. Aux poètes, je dois ce passe-droit vers les recoins les plus secrets de la vie et de la conscience que la raison, cette faculté pensante arc-boutée au réel, est bien incapable de décrire ou même de découvrir. Les poètes seuls perçoivent ce qui ne se prête pas à l'analyse et que les philosophes s'efforcent en vain de définir. Les poètes m'accordent la bonne fortune de n'être pas seul dans l'ordre-désordre du monde, cette cage aux illusions où se succèdent, dans un vaudeville sans fin, intrigues, quiproquos, enchantements et déboires, vérités et tromperies. Les croyants parlent de grâce. Totalement imperméable à la condescendance divine et à la doctrine de la chute et de la rédemption, je n'irai pas jusque-là. Mais d'une certaine façon, par la poésie, j'ai vécu dans le sacré. Cette approche du sacré me fut offerte à la fin de mon adolescence par Norge, poète de toutes les métamorphoses, veilleur acrobatique, barde panthéiste qui a conté l'épopée de l'animal, du végétal, du minéral, de l'humain et des anges en rimes fricassantes, gouleyantes, cocasses, graves, souriantes, mordantes, argotiques et savantes comme en forgeaient les maîtres en langage et « ymagiers» du temps de Villon, Rutebeuf, Bruscambille et Papillon de Lasphrise.

Norge, grand et bon vivant, fut le chantre des hautes faims, du vin profond, du gros gibier et des belles cuvées. Il m'a invité à sa table pour «dîner avec des anges connaisseurs de grands vins». A cette table je me suis rassasié plus de trente ans.

Il avait quitté le plat pays des brumes pour se fixer à Saint-Paul-de-Vence. Les cyprès, la stridence des cigales, les rossignols dans les eucalyptus, les collines de pierres de l'arrière-pays, c'était la Grèce retrouvée. De la Belgique il a cependant gardé la robustesse un peu brutale, le lyrisme populaire et la truculente vitalité des kermesses, des joyeusetés primitives à la Breughel fortement teintées du mysticisme hérité du Moyen Age flamand.

«Vous lisez des poètes, jeune homme ? Eh bien entrez ! Je vais vous offrir une petite bièrette, car l'ami Phœbus n'y va pas de main morte !»

Nous avons bu la bière dans des hanaps en étain, avec la complicité de gens du Nord régénérés par l'azur de la Méditerranée. Le sombre humanisme des Flandres et d'Alsace éclairé par le soleil de la Grèce et de Rome. J'avais frappé à sa porte pour qu'il me dédicace *La Langue verte* et les *Quatre vérités*. Till Eulenspiegel, les contes de Charles Deulin, Max Elskamp, Van Lerberghe, Verhaeren, Rodenbach et Georges Eekhoud, les anciens Noëls, Coquillart, Bruscambille et Jarry... beaucoup de monde pour escorter trois bières. Mais c'était sans compter sur Virgile, Horace, Anacréon, Villon, *La Cabourne des briffaulx, La Barbottine des marmitteux*, Merlin Coccaie, Mélusine et le somptueux montrachet du dîner.

La nuit était tombée depuis longtemps, la chambre d'amis était prête, mais impossible de nous quitter sans évoquer aussi Marcel Thiry, Lucienne Desnoues, sa bru que je ne connaissais pas encore, Segalen et Milosz, et le grenier des poètes qu'il avait animé à Bruxelles. Il me régalait d'anecdotes cocasses sur Jean de Bosschère, Paul Desmeth et Marcel Lecomte en me servant sans compter du vieux genièvre. A deux heures du matin j'étais ivre, ivre de poésie et de *Bols* et je me suis endormi dans un petit lit sous le sourire tutélaire et gothique d'un grand ange de bois. J'écris ces lignes avec beaucoup d'émotion, car cet ange est aujourd'hui derrière moi, dans le bureau où je travaille. Norge me l'avait offert quand j'ai publié son recueil *Ne me lâchez pas la main*, un poème sur les anges. Il avait donné ce livre à son boucher de Vence, un chevillard très épris de poésie. Quelques jours plus tard, devant les chalands ébahis, ce fervent amateur lui offre une escalope en déclarant : « Monsieur Norge, ce poème est tellement beau que je l'ai lu à mon ange gardien. » Ce même boucher pratiquait l'image étalière avec une sagacité très lyrique, comme on n'en rencontre que chez les Méridionaux. Un jour où le poète lui demandait si ses cervelles d'agneau étaient fraîches, il a répliqué : « Monsieur Norge ! Elles pensent encore. »

⋆

Et voici que, pour de nouvelles ivresses, se pointe un autre poète, mon ami Jean-Claude Pirotte. Tiens donc, encore un Belge ! Un Belge volant comme le vaisseau fantastique du Voltigeur hollandais, diable boiteux né en bord de Meuse, puis « commerçant abyssin », hors-la-loi imprenable, enfourcheur de cavale « contumace partout », roi d'Angoulême, rôdeur de la rue des Remberges, drôle d'Ulysse. Pour boire avec l'auteur des *Contes bleus du vin,* il faut du jabot, car Pirotte n'est pas un petit licheur. Pèlerin émerveillé, il a sillonné toutes les provinces, inspecté toutes les vignes même les plus secrètes, celles qui n'ont pas de nom et qui vrillent dans des terroirs mystérieux de l'Est entre les vergers à quetsches et à mirabelles. Il a écumé toutes les tavernes, estaminets de faubourg, buvettes crépusculaires des gares, bars d'hôtels, Weinkeller, bistrots de ports, tournebrides des clairières, gentils caboulots et assommoirs des pays miniers, popines de la dernière chance et rastels où banquettent les bourgeois laids et sans doute aussi le cabaret vert de « la fille aux tétons énormes, aux yeux vifs ». Pirotte, « c'est un tempérament… un artiste de proie… ». Avec lui, dans sa Montagne noire, j'ai bu des vins sombres et lourds, des vins qui se suffisent à eux-mêmes. Pas besoin de nourriture quand le vin est nutriment. Dans le hall d'un palace révolu de Carcassonne, nous avons bu au souvenir des poètes trépassés. C'était notre nuit de sabbat.

« Repriser la mémoire étamer l'espérance
restaurer les éclats d'une lucidité qu'ébranle
chaque nuit davantage un vertige sournois
...
... quand notre cœur est lourd
et que la fatigue infinie de l'été
nous écrase mais c'est alors que dans la nuit
à l'improviste un chant à peine modulé
nous visite, ou l'éclat d'une étoile
et c'est comme une prière sans mots
qui chercherait à délivrer la source
de la clarté parmi la sylve des soucis obscurs... »

Le lendemain, quand je suis descendu de ma chambre, il était déjà là, hidalgo émacié, bien ancré au bar, à boire du whisky avec un jeune saltimbanque culotté comme un matelot. Deux grands oiseaux d'épave.

« C'est ce que j'appellerai un petit déjeuner assez viril.

— Comment un petit déjeuner ? Nous

n'avons pas quitté le bar quand tu es parti te coucher. On s'est dit qu'on allait attendre que tu te réveilles. C'est bien, tu es là, tu as l'air en forme. Prenons le coup de l'étrier. »

Je n'ai pas eu l'occasion de trinquer avec Pirotte depuis mon escapade en Cabardès. Entre-temps, gagné par le goût du jaune, il a migré vers le Jura, car pour lui « ce goût énigmatique du vin jaune, c'est le goût de l'immortalité qui habitait les choses au cœur du jardin d'Eden. Toutes choses réconciliées, comme cette couleur qui est saveur, et cette saveur qui est éclat ». Ses livres, ses beaux et précieux recueils publiés par *Le Temps qu'il fait*, arrivent régulièrement sur mes arpents comme des hirondelles attendues, désirées, espérées. Ils sont toujours près de moi, dans la petite bibliothèque poétique idéale qui gabionne mon lit. Jean-Claude Pirotte c'est mon ambroisie, mon lampion de naufrage, mon bon tabac, ma boîte à malice. Jamais il ne me quitte. Qu'il soit béni !

Ces bavardages, coq-à-l'âne et rêveries sur la longue route déjà parcourue m'auront permis de ressusciter des épisodes qui, à l'époque où ils se sont joués, me semblaient simples et normaux. Longtemps après, dégagés du contexte qui les entourait, on leur trouve une intensité étrange. Planer dans les souvenirs est sans doute un indice de caducité, mais pour certains écrivains, le retour en arrière à la lumière de ce qu'ils sont devenus peut conduire à des développements inattendus.

De ceux que j'évoque dans cette longue excursion, beaucoup ne sont plus là. Les inscrire dans un livre aussi bouffon est une façon comme une autre de soulager les deuils. Je bois à mes morts, je bois aussi pour eux qui ne peuvent plus boire. Mon offrande funéraire en quelque sorte, car les morts, paraît-il, ont toujours soif. C'est ce que croyaient les mentalités anciennes qui déposaient des carafes de vin dans les sépulcres. Sur une tombe romaine j'ai lu cette épitaphe : « Passant, les ossements d'un homme te prient de ne pas souiller le monument qui les abrite. Mais si tu es bienveillant, verse le vin dans la coupe, bois et donne-m'en. »

Au fil de ces confidences ébrieuses, ma

mémoire s'est agrippée au souvenir de toutes les figures croisées, aimées, parfois oubliées, sans lesquelles ma vie aurait peut-être pris d'autres virages. L'inventaire, on ne peut le faire qu'à la lueur vacillante de la fin d'exercice. Je viens de fêter mes noces de diamant avec la vie en compagnie d'un cercle d'intimes, quelques rescapés de la vieille garde et un petit contingent de nouvelles recrues. Ces dernières années, la blême Faucheuse s'en est donné à cœur joie sur mes arpents. Prévoyant, je m'entoure maintenant de jeunesses, des jeunesses qui ne boudent jamais à table.

Ce fut un sacré balthazar ! Trois journées de franches carousses et l'occasion de régler leur compte à quelques flacons que je conservais depuis longtemps, comme ces deux bouteilles de château-d'yquem 1967. Celles-là, je les ai bien eues, car je les soupçonne d'avoir voulu me survivre.

De ce triomphe bachique était mon cher silène Sylvain Goudemare. Autre poète ! Pas belge celui-là, encore qu'il mériterait de l'être.

Goudemare, ventre et casquette, est normand, ce qui n'est pas mal non plus, cette province ayant toujours été poétifère, depuis Chartier Alain jusqu'à Queneau Raymond. Je pourrais aligner une bonne centaine de noms, de grands, moyens, et petits mâche-laurier du Parnasse normand, un joli tableau d'honneur pour une région où ne pousse aucun cep. « De nous se rit le Français ; mais vraiment quoy qu'il en die, le sidre de Normandie vaut bien son vin quelquefois », ironisait le Virois Basselin.

Goudemare, c'est un bien joli nom pour un enfant de Rouen. J'ai d'abord cru au pseudonyme : Sylvain Goudemare, c'est un peu la même cuvée qu'Epiphane Sidredoulx, préfacier du ragoûtant cancionero rouennais intitulé *La Friquassée crotestyllonée*. Trop baroque pour être vrai ! Sylvain, dieu de la forêt, faune du harpail panique qui parfois se change en papillon. Chevalier symboliste de la bonne mare, cousin de Pelléas et de la princesse Maleine. Dans une précédente existence, j'avais publié un catalogue de livres écrits par des fous littéraires. La chose plut à ce Goudemare de Rouen, l'inconnu qui m'envoya de corneculs poèmes manuscrits jarretés de gidouilles et son *Mélanolie* que venait de publier le Dilettante. J'étais curieux de rencontrer ce mélanoliste. Il me fixa rendez-vous un mardi soir, à minuit trente-quatre exactement, chez *Wepler*, place Clichy, sans portrait-robot ni signe de reconnaissance. Facile à repérer ! On aurait dit qu'il sortait d'un frontispice de l'époque frénétique de Petrus Borel, Alphonse Rabbe et autres lycanthropes : un bousingot de vingt balais, mi-Faust nervalien, mi-Troll. Je l'ai démasqué au premier coup d'œil comme un des frères triplés du célèbre Docteur né en Circassie en 1898. Bien entendu, il a nié et vingt ans plus tard il continue toujours de nier. L'hiver dernier j'ai repéré le troisième frangin de cette singulière trinité. En flânant dans le quartier Bab al-Faraj d'Alep, tout près de la grande horloge, j'étais tombé sur un excentrique d'une espèce monochrome extrêmement rare, mais auquel les nombreux passants ne prêtaient cependant aucune attention. Comme si dans cette antique cité qui en a vu de toutes les couleurs depuis les Hittites, Alexandre, Nour-ed-Din et le fils de Saladin, le surnaturel était chose banale.

Un homme d'une soixantaine d'années, entièrement habillé en jaune canari : cheveux, sourcils et moustache teints en jaune, chemise, cravate, souliers, chaussettes, ceinture, costume et pochette, tout cela jaune et de belle facture, tissu élégant, bien coupé et d'une propreté éblouissante. Il se tenait immobile, une rose jaune à la main, souriant, muet, éclatant, comme investi d'une mission solaire. Un groupe d'étudiants palabrait tout près de lui. Lorsque je leur ai demandé quel était ce singulier paroissien, ils m'ont répondu : « C'est l'homme jaune ! » J'insistai : « Je vois bien que c'est l'homme jaune, mais qui est l'homme jaune ?

« L'homme jaune, c'est l'homme jaune et basta !

— Et il n'y a pas d'autre dieu que Dieu, et le Prophète est son prophète ! Et basta aussi ! »

J'ai failli interroger le Canari lui-même et puis je me suis résigné à ne pas en savoir plus, pensant que les mystères devaient rester mystérieux.

Je me suis tout de même demandé s'il vivait dans une chambre jaune (autre mystère) et s'il ne consommait que des jaunes d'œufs, du beurre, des potages au safran et des jus de citron.

Le lendemain soir, j'ai revu le vieux mimosa dans un autre quartier. Je l'ai suivi. Une filature de quatre heures, avec quelques épisodes coruscantés et un dénouement de première. Homme jaune le jour, danseuse du ventre la nuit dans un bordel secret du quartier Al Jaloum ! En soudoyant une camériste, j'ai appris que dans le civil il s'appelait (avec accent arabe) Monsieur Foustroul. Je l'ai abordé après le spectacle pour lui parler de ses frères. Il a fait celui qui ne comprenait rien et m'a traité de *megnoun*, ce qui veut dire timbré dans la langue du regretté poète Nizar Qabbani.

Après cette digression syrienne, revenons à mon troll Sylvain.

A minuit trente-huit, par une nuit tranquille à Clichy en 1985, le Goudemare sort de sa musette quelques raretés de sa jeune collection, Monselet, Gourmont, Nerval et Marcel Schwob, ce sourcier de l'étrange dont il deviendra le biographe.

« Ce sont des belles bêtes, non ? Qu'est-ce que tu en penses, toi qui es libraire ? »

Les appréciations bibliophiliques expédiées, nous sommes passés à l'essentiel, à la poésie et aux poètes de haulte graisse. Tout allait bien, on aimait et on détestait les mêmes choses. Et c'est ainsi que Sylvain Goudemare est devenu Monsieur mon Goody, goudissime dans le gentle art of being goody. To be goody or not to be, il y a longtemps que je ne me pose plus la question.

A l'époque, il exerçait comme tartempion ou singe-papion dans un lycée de Rouen et ne nourrissait aucun projet rastignacard. Garçon libre et sensible, il n'était, pas plus que moi à son âge, fait pour brouter au râtelier universitaire, ni équipé pour l'alpinisme mondain. Sans dents longues et l'échine peu souple, donc pas taillable ou corvéable, c'est-à-dire peu enclin à exercer ce qu'on appelle des professions, comme disait Baudelaire. Je lui ai conseillé la librairie ancienne, cette providence des incasables. Plaisant turbin, dans lequel les esprits buissonniers peuvent faire leur chemin. Ceux qui savent lire s'y amusent sans doute plus que les autres. Allez savoir ! Dans ma jeunesse, la librairie ancienne était une joyeuse confrérie de noceurs. On festoyait gaiement et on se rinçait sans compter.

Petit à petit, la famille s'est agrandie et amendée. Aujourd'hui, j'ai le sentiment que les libraires comptent plus qu'ils ne boivent. Bicause poujadisme ambiant, j'ai mis les voiles depuis longtemps, mais je conserve une demi-douzaine de copains bibliopoles avec lesquels j'aime me pinter de temps en temps, Monsieur mon Goody entre autres.

Evidemment, les ivrognes et ivrognesses ne sont pas toujours drôles. J'en ai croisé dans la corporation qui se croyaient obligés de refaire le monde dès qu'ils avaient un verre dans le nez, ceux et celles qui radotaient et resservaient la même histoire six fois dans la soirée, ceux qui se lamentaient et pleuraient comme des veaux, les foireux qui s'enivraient pour perpétrer ce qu'ils ne pouvaient à jeun, insulter leur femme en vous prenant à témoin, ceux qui s'endormaient à table, ceux qui dégueulaient, ceux qui cherchaient la bagarre… Goudy ne boit pas de ce vin-là. Je l'ai vu fort poivré, mais toujours digne et parfois grandiose, à la manière de Gabin dans le registre *Singe en hiver* : « On ne connaît pas, on ne salue pas ! » Ivre, il n'insultera jamais que les cons, ce qui prouve que l'alcool ne ruine ni son discernement ni sa probité.

Intransigeant en amitié, il ne pardonne ni trahison, ni médiocrité. Autant dire qu'il est brouillé avec les petites espèces. Merveilleux et sauvage Goody, intensément attaché à sa foi en l'amour, fignolant sans trêve son univers poétique et délirant où les femmes aimées sont des déesses ou des fées. Ah mais Monsieur, on ne badine pas avec l'amour ! Respect plénier pour tout ce qui touche à la passion ! Jamais je n'ai rencontré de type avec une telle pureté d'âme et par conséquent aussi exposé aux vilains coups.

Il avait fondé en 1990 la confrérie des Silènes, dont Jarry était le Saint Patron. J'en fus. A cette enseigne il a publié une douzaine de livres et plaquettes, des raretés aujourd'hui, pour la délectation des curieux : Lewis Carroll, Champfleury, Charles Barbara, Darien, Odilon-Jean Périer. Cette société badine, bachique, littéraire et chantante qui ne comptait que de « bons enfants », tenait une assemblée générale annuelle dans divers Caveaux parisiens. Parmi les cocasseries imaginées au cours de ces ribotes, je m'en voudrais de ne pas mentionner le malicieux projet de monument aux ivres morts. Un tableau de Christian Zeimert qui aujourd'hui fait partie de la collection de Beaubourg, devait servir de modèle pour une gigantesque sculpture. Le projet, accompagné d'un très sérieux devis, fut soumis aux maires des provinces viticoles. Un seul élu, qui bougremestrait en Mâconnais, s'était déclaré intéressé par l'idée. Mais cette joyeuse compagnie a fini par se dissoudre dans l'esprit du vin. Fort heureusement, l'amitié n'est pas soluble dans l'alcool. Pour ses quarante ans, Monsieur mon Goody fit un caprice bourguignon. Son desideratum était péremptoire. Il avait fait sien le vœu d'Anne Sylvestre :

J'voudrais pas crever
Avant d'l'avoir goûtée
La Romanée, la Romanée, la Romanée-Conti

Le vœu fut exaucé et, Faustroll merci, le Goody est toujours vivant. Ordinairement nous arrosons nos entrevisions avec des nectars plus démocratiques. Puis il me raccompagne jusqu'au seuil de l'hôtel *La Louisiane*, ma maison de Paris, et me quitte au coin de la rue de Buci pour filer d'autres nébuleuses.

Les nébuleuses
ont pris la fuite
déambulons
sur les toits
où le plaisir
s'orange
gardons
nos sommeils
ma belle
votre aube
est lointaine.

XIV

« L'homme est ce qu'il mange », disait Feuerbach, un penseur bavarois pour qui la vérité ne se trouvait ni dans le matérialisme, ni dans l'idéalisme, ni dans la psychologie mais dans l'anthropologie. Je le soupçonne d'avoir piqué son aphorisme dans la *Physiologie du goût* de Brillat-Savarin. « Dis-moi ce que tu manges, et je te dirai qui tu es » affirmait le magistrat de Bellay, traité par Baudelaire de « grosse brioche ». A se gaver de brioches, Brillat-Savarin a tourné lui-même en brioche, une métamorphose qui avère sa maxime de manière éclatante. Bizarrement, Feuerbach et Brillat-Savarin négligent le spiritueux. L'homme est aussi ce qu'il boit. L'imagerie naïve a popularisé les figures de Sieur Ripaille, Monsieur Sacavin, Hans

Panse-à-bière, Tata Cafetière et Jean Boit-sans-soif.

De façon plus allégorique, mon ami Harrison a plusieurs fois avancé la théorie que nous devenons l'animal que nous dévorons, opinion que j'avais déjà entendue chez certains peuples animistes. Les oiseaux, comestibles ou non, ayant souvent été pris pour métaphores du poète, Jim consomme surtout des oiseaux sauvages, persuadé que leur chair « communiée » donne des ailes à son âme, à ses mots. Eucharistie parfois mâtinée d'arrière-pensées sensuelles assez burlesques : « Hier soir, m'écrivait-il de sa cabane de Grand Marais, j'ai fait cuire un jeune coq avec une livre d'ail et autant de piments. Je l'ai dévoré en entier. Crois-moi, j'ai fait des rêves de coq. Je me suis dressé sur mes ergots, j'ai secoué mes ailes, poussé quelques tonitruants *cock-a-doodle-doo* avant de fondre sur un harem de poulettes nubiles. »

A Foligno en Ombrie, un cuisinier adepte du slow-food, m'a servi un jour un cœur de cheval mitonné à sa façon. Je reconnais que c'était un plat assez cosaque. Ce qui est sûr, c'est que j'ai fait des rêves de Centaure en parfaite harmonie avec mon signe zodiacal, le Sagittaire.

L'organisme humain est drôlement alambiqué. Quelles occultes distillations en nos gidouilles quand les sucs gastriques subliment (au sens alchimique) les viandes, verdures, et breuvages ? La part des anges remonte évidemment dans la cafetière, avec des conséquences diverses.

Dans le vieux Kourou d'avant Ariane, en regagnant la piste de terre après quelques bordées, je rencontrais souvent des escadrons de crabes qui traversaient le village. Dérangés dans leur progression par mes phares, ils se figeaient et pointaient leur pince vers le ciel de façon menaçante et dérisoire. Je voyais dans ces hoplites crapahutant tels des estropiés une métaphore de la vie humaine si rude sous ce climat : les anciens bagnards titubant chaînes aux pieds, les esclaves marrons échappés des plantations... Avec leur poing levé, ces crabes semblaient se révolter contre leur Créateur, ce qui ne m'a nullement empêché d'en boulotter un grand nombre, avec ou sans mayonnaise, en soupe ou farcis, en salade ou en terrine.

Est-ce parce que j'ai ingurgité sans modération ces énervés de la pince, qu'à cette époque j'étais toujours en rogne ?

J'ai aussi dévoré des caïmans que des Brésiliens cinglés chassaient sur la Mana. Ils partaient en forêt, bourrés de rhum et de drogue. Avec des fusils préhistoriques tellement bricolés qu'ils sont devenus inutilisables pour des tireurs normaux, ces tarés visaient tout ce qui passait à leur portée : singes, perroquets, tapirs, butors... L'un d'eux, complètement avachi au fond du canot, riflait même les essors cérulés des grands morphos. Ils auraient flingué leur mère si elle avait eu des ailes. Avec ces fous, j'ai fait chère lie de serpents, piranhas, singes, agoutis, mygales rôties, tatous grillés, aïmaras crus et vers de palmier. A force de morfaler toute cette faune, je me suis gravement ensauvagé.

Dans le sud de l'Egypte où j'ai coulé de nombreux hivers pour me distraire de ceux assez rudes du Morvan, j'ai consommé force pigeons, simplement grillés en crapaudine ou, les jours fastes, farcis de boulgour, d'amandes, d'épices et de raisins. Je suis persuadé que ces oiseaux ont contribué à entretenir mon humeur voyageuse. Un festin d'oiseaux vous garde l'âme légère et l'esprit alerte.

Les nations gavées de viandes fortes et rouges, comme les gauchos argentins qui n'accompagnent leurs pavés de bœuf qu'avec d'autres viandes et abats, se forgent des natures de taureaux, peu méditatives, susceptibles, toujours prêtes à ruer. Des mâles irascibles, sanguins, perpétuellement en lice pour marquer leur territoire. Ah, qu'il est doux le goût du sang ! Cela dit, je connais des herbivores intégristes tout ce qu'il y a de soupe au lait. J'ai demandé à l'un de ceux-là comment un régime végétarien pouvait le rendre aussi agressif. Il m'a balancé que les plus féroces toros de corrida ne broutaient que de l'herbe.

La consommation de chair humaine rend-elle plus humain ? La barbare indécence de la question peut effaroucher les cœurs sensibles. On a rarement l'occasion de partager un dîner d'anthropophages. Les récentes expériences dans cette spécialité tiennent toutes du fait-divers pervers et criminel. Je n'irai jamais aussi loin, même si ma curiosité gastronomique est à peu près sans limites. Dans les années 80, j'ai séjourné en Nouvelle-Calédonie au moment des pires mois de répression coloniale. Je venais de trouver un des rares exemplaires du livre de Louise Michel sur les chants de geste et légendes canaques. Pierre Belfond avait accepté de le republier. Avant d'en rédiger la préface, je tenais à rencontrer les Kanaks pour m'informer de la survie de leurs légendes et coutumes. J'ai débarqué sur ce territoire en plein drame : assassinats, opérations « coup de poing », perpétrés par une République à peine moins féroce que celle qui avait maté la révolte du chef Ataï en 1878. Pour se faire adopter par un village kanak lorsqu'on était citoyen du pays oppresseur, il fallait passer un examen. Au bout de deux mois j'avais plus ou moins réussi le mien, non sans quelques épreuves bizarres que j'ai surmontées avec plus de candeur que de vaillance. Un jour, après une balade de quelques heures, les yeux bandés, sur des pistes de forêt en compagnie de guerriers de la mouvance Palika, j'ai été reçu dans un village secret, fort éloigné des sentes surveillées par la soldatesque de l'Empire gaulois. On me présenta au chef de village, un homme tellement âgé qu'il avait peut-être connu la Vierge rouge. Un guérillero m'a confié que ce patriarche datait de l'époque où les guerriers mangeaient encore la chair de leurs ennemis. L'occasion me parut propice pour demander s'il était possible de restaurer exceptionnellement la coutume. Facétieusement, j'ai déclaré à mon hôte que je tâterais volontiers d'une cuisse de missionnaire, à condition qu'il fût jeune et tendre, ou d'un foie de poulet label bleu blanc rouge, cuit à l'étouffée dans des feuilles de bananier avec carottes, ignames, tarots et patates douces. Ma requête fut jugée extrêmement choquante. Les maristes et les pasteurs étaient passés dans cette clairière depuis longtemps, pour agenouiller ces « sauvages » et les prier de ne plus consommer d'autre chair que celle du Christ dans sa forme eucharistique. Un des escorteurs, tendance marxiste-castriste mais cependant doté d'humour, m'a convaincu de renoncer à mon projet. Ses arguments ne concernaient pas la morale, ils étaient purement sanitaires : « Les

Blancs ne sont plus comestibles. Tu crèverais empoisonné ! L'espèce est trop polluée par les médicaments, drogues, mauvaise alimentation industrielle, etc. Crois-moi, même d'un jeune roussin des Côtes d'Armor, tu ne saurais faire une blanquette convenable ! » Irréfutable ! Aussi ai-je fait une croix sur mes tentations cannibales.

*

A vrai dire, il a fallu tirer un trait sur bien des tentations. L'époque est répugnante : une combinaison de mitraille et de guimauve. Sous prétexte de progrès, l'Occident a bousillé la planète à coups de bibine, de médocs, de goupillon et de bombes « démocratiques », genre « je te casse la gueule, mais c'est pour ton bien ! ». Quand une certaine catégorie d'individus parle de démocratie, de dieu, d'honneur, de Bien et de Mal, on en arriverait presque à regretter les tyrans de l'antique barbarie.

Tout ce tohu-bohu hypocrite pour arriver à quoi ? Un monde qui ressemble à un jardin d'enfants, un grand centre aéré, régi par les sectateurs de la vertu, de la décence, du bonheur obligatoire et de la santé ? Sans être cynique ou bégueule, comment respirer dans cette époque de sirop et d'eau tiède ? « Heureusement, disait en son temps Pétrus Borel le lycanthrope, que pour se consoler de tout cela, il nous reste l'adultère, le tabac de Maryland et du papel espagnol por cigaritos ! »

En face du despotisme des comportements nouveaux, je m'efforce de rester impassible. Je suis un rétrograde distrait, mais quand la bêtise et la vulgarité empiètent sur des lieux sacro-saints, il faut que je jette ma bave.

Les bars, et particulièrement les bars d'hôtel, sont des sanctuaires en péril. Avant d'entonner leur requiem, permettez que j'en donne la définition : le bar est un lieu discret et confortable où les hommes se retrouvent pour boire de l'alcool et fumer des cigares. C'est ça et rien d'autre ! La grande époque a duré une quarantaine d'années, de 1920 à 1960. Elle correspond exactement au destin du jazz. Les barmen étaient des personnages considérés : Francis qui régna près de quarante ans au Pont-Royal, Guy et Roger du *Harry's bar*, Jean-Marc Vettesi qui leur a succédé avant d'exercer au *George V*, furent quelques-uns des conservateurs de la belle tradition.

Depuis des années, j'ai mes habitudes au *Lutetia* et j'ai de bonnes raisons de ne pas changer d'abreuvoir. Il se trouve dans mon quartier, je peux m'y rendre à pied depuis mon hôtel ou mon éditeur, et c'est un des derniers bars d'hôtel parisiens à correspondre exactement à la définition que je viens de donner. Pourvu que ça dure ! Les barmen du *Lutetia* travaillent à l'ancienne, c'est-à-dire avec discrétion, efficacité, humour et surtout avec une extraordinaire compétence. Ils connaissent leurs habitués comme les curés leurs paroissiens, comme les médecins leurs patients. Leur métier tient d'ailleurs du sacerdoce et de la Faculté, car ils sont un peu confesseurs, un peu thérapeutes, avec cette différence que l'absolution vous est donnée sans pénitence. Pas de sermon et la consultation ne coûte que le prix des consommations. Gilles et Nicolas, deux amis barmen du *Lutetia*, me disaient récemment que la décadence avait commencé à la fin des années 70. Une nouvelle clientèle s'est alors pointée dans ce dernier bastion de la masculinité, pour demander des milk-shakes, du thé et des petits gâteaux. Les rédactrices en chef de magazines féminins avaient décidé que les bars d'hôtel étaient du dernier chic.

Elle est loin l'époque où les femmes n'avaient pas le droit de s'asseoir seules au bar du *Fouquet's* ! Je ne suis pas encore assez misogyne pour la regretter. Les seules femmes que je tolère dans un bar sont des types de mon genre, un genre plutôt délié.

Il m'arrive parfois d'accompagner une amie dans un salon de thé. L'idée ne me viendrait pas d'y allumer un cigare, on me montrerait la porte fissa. Le drame, c'est qu'une certaine engeance confond aujourd'hui bar et salon de thé et exige le même règlement pour les deux. Bientôt, avec l'aide des lois antialcool et antitabac, ces viragos auront définitivement gagné. Il n'y a quasiment plus de vrais bars dans les palaces, ni de barmen compétents. A l'ouverture du *Hyatt* rue de la Paix, les professionnels ont été remplacés par des élèves du cours Florent. Vive la télé-réalité ! Il reste peu d'endroits classiques où les cocktails sont préparés au bar même par des gens de métier. Aujourd'hui, des amateurs, des stagiaires, des intermittents de la limonade tambouillent les consommations en coulisse. Un comble : les écoles hôtelières ont abandonné la formation barman ! Les nouveaux hôtels étoilés ont presque tous disqualifié le bar, tout comme ils ont supprimé les concierges, chasseurs, voituriers et bagagistes. Ça s'appelle la démocratisation, et les voyagistes font la loi. Au bar du *Plazza* on sert des cocktails à la gelée qui se mangent à la cuiller. Le merveilleux bar anglais du sous-sol a été transformé en décor de style Guerre des étoiles.

Les nouveaux consommateurs ne savent pas que les bars sont des lieux de recueillement. Ce ne sont plus des esprits méditatifs, des habitués, mais des touristes, consommateurs pressés qui veulent un service rapide.

Les hommes virils qui fument et boivent des alcools forts sont perçus de plus en plus comme de dangereux malfaiteurs. Pour quelles vicieuses raisons les agents de la société moralisée tiennent-ils tant à s'imposer dans des endroits qui ne sont pas faits pour eux ? Ces preux chevaliers enfourchent des dadas bien croulants. Les époques de débauche et de liberté alternent avec les années d'ordre moral depuis Mathusalem et Noé.

En 1613, les colporteurs proposaient aux flâneurs du Pont-Neuf une pièce volante intitulée *La réjouissance des femmes sur la défense des tavernes et cabarets*. L'objet de cette facétie n'était pas une nouveauté. De tout temps, et spécialement sous Henri III, roi perleminouzé pour qui mignon ne rimait pas avec pochetron, défense était faite d'aller boire jour et nuit dans les tavernes. On n'y alla pas moins pour autant. A Rouen, où la prohibition était décrétée en 1576, les cabarets coururent de vrais risques. Pour les remplacer, on avait inauguré une buvette ambulante qui offrait, à doses modérées et courtes stations, les rafraîchissements dont on ne pouvait se passer dans les ateliers. Ce commerce de rue porta préjudice aux taverniers. Mais les édits passent comme les chansons. Les cabarets de Rouen et de partout rouvrirent peu à peu, et la taverne ambulante qu'on appelait la *trimbale* fut remisée. A Paris, malgré les ordonnances de Henri III et de Louis XIII, les cabarets n'ont jamais chômé complètement. Certains Messieurs de la taverne ont si bien relevé la tête qu'ils firent imprimer une curieuse requête : *Les justes plaintes faites au Roy par les cabaretiers de la ville de Paris contre les carrosses qui y sont et l'incommodité qu'en reçoit le public.* Louis XIV promulgua lui aussi des édits de tempérance et des règlements sur les horaires d'ouverture des bistrots.

La réjouissance des femmes sur la défense des tavernes est une des merveilles de la bibliothèque récréative du XVIIe siècle, un magot faramineux de pièces drolifiques, satyriques, délicoquentieuses, tabariniques, paradoxales, rodomontesques et grattelardées.

Les femmes des piliers de cabaret tressaillent d'allégresse depuis que les « Messieurs de la police, voyant le désordre de tant de débauchés et les mauvais ménages des yvrongnes à l'endroit de leurs femmes, ont tari cette fontaine, c'est-à-dire ont défendu les tavernes ».

Les épouses de France, battues « pour une écuelle renversée, ou une serviette pliée de travers », envient le lot des Allemandes, Bretonnes, Flamandes et Angloises qui « vont à la taverne avec leurs maris, où elles les empêchent de s'enivrer, où elles les assoupissent de sorte qu'ils ont plus envie de dormir que de frapper, et sans autre cérémonie vont le lendemain prendre du poil de la bête. Mais les Français et les étrangers francisés ne s'éloignent de leurs maisons que pour être éloignés de leurs femmes, afin d'avoir la liberté du vin et de ce qui peut rire à leurs débauches ». Les hommes sont des veaux pris par le diable qui « ne vont plus aux vaches, puisqu'ils ne nous tètent plus » et préfèrent téter au cabaret. Ces vaches d'épouses étiaient loin d'être folles. Elles se réjouissent aussi de ce que désormais, vu la défense de boire ailleurs qu'au logis, elles auront leur part à la ripaille : « qu'on aille quérir à pot et à pinte, nous en boirons notre part et cognoistrons la bête qui nous fait tant de peine. »

Moralité : les buveurs ne devraient s'accoupler qu'avec ceux ou celles qui boivent comme eux ! Les veaux seront bien grattés et les vaches bien tétées.

★

Lorsque les bars ne proposeront plus que limonades et cocktails de fruits, j'entraînerai les résistants vers le Morvan secret où quelques vieux bouilleurs de cru exercent dans la clandestinité depuis que ce privilège héréditaire a été aboli.

J'en cultive un dont le terrier est planqué au fond d'un ravin entre la forêt de Montreuillon, le Réservoir de Pannecière et le Saut du Gouloux. L'homme est impressionnant. Il tient à la fois de Walt Whitman et de Sagamore Noonan, le bootlegger de *Fantasia chez les ploucs*. De Whitman il a l'œil gris-bleu, la longue barbe et la tête hirsute, l'élégance de velours rustique et le grand chapeau mou. De l'oncle Sagamore, il tient la sapience distillatoire. Dans un alambic de cuivre qui ressemble au père Ubu, il spiritualise tout ce qu'il peut cueillir ou ramasser dans les prés, les fossés et les bois. A chacune de mes visites sa production affiche des nouveautés. Aux gnôles traditionnelles de cerise, poire, prune ou mirabelle se sont ajoutées quelques-unes, moins classiques, comme le sureau, le coing, le sorbier, la nèfle, la cornouille et d'autres, difficilement identifiables, qui vous envoient dans la quatrième dimension. J'ai aussi goûté son calva, son whisky, sa vodka. La tequila, le rhum et la crème de banane, ça sera pour plus tard quand le réchauffement de la planète fera germer des cactus, des cannes et des bananiers dans le canton de Corbigny. Aux périodes creuses, le bouilleur se fait brasseur. Dans sa souillarde-laboratoire, il bricole toutes sortes de bières, des brunes et des rousses, des blondes et des vertes et quelques bizarreries gauloises à base de châtaignes, camomille, orties et peut-être rats morts. Il bichonne aussi quelques arpents de gamay, chardonnay et sauvignon qui donnent de sympathiques piquetons, des agace-papilles pour lendemain de biture, souverains rince-cochon. Je me demande comment ce hors-la-loi se débrouille pour masquer sa bouillerie. Aucune peau de bête morte ne marine près de sa tanière pour troubler le flair du gabelou.

Itinéraire spiritueux

Du Morvan ne viennent ni bons vents ni bonnes gens. Longue vie aux outlaws, aux ploucs fantaisistes, aux braconniers, aux rôdeurs des lisières, aux glaneurs des ouches, aux saute-ruisseaux, à tous les canards du bon Dieu et enfants sauvages !

XV

Les histoires d'amour se soldent bien souvent par des déceptions. Avec le vin, à la différence des êtres aimés, on est toujours payé de retour. De la grappe je resterai le féal jusqu'à la coupe dernière, car elle m'a toujours gardé dans la joie. Mes amis et compagnons sont tous bordailleurs. Ce compérage ne doit rien au hasard, je préfère patrouiller avec des coreligionnaires.

Bernard Chwartz est de ceux-là. Je ne connais pas de plus fervent zélateur de Bacchus. Mes catalogues gastronomiques nous ont abouchés. Longtemps il ne fut qu'une voix au téléphone, répondant avec un chaleureux accent languedocien à une proposition, me faisant part d'une trouvaille bibliophilique ou relatant un récent repas. Un paroissien qui, dans la même conversation lâche :

palombes, ampélographie, truffes, Partagas Lusitanias, bas armagnac, pommard ou vosne-romanée, ne pouvait que me botter. Lorsque je fis enfin sa connaissance lors d'une grande vente de livres gastronomiques à Paris, je fus charmé de constater que le plumage s'accordait avec le ramage. Je n'avais jamais croisé de sybarite de ce gabarit, c'est-à-dire dont la circonférence excédait la hauteur. Un tour de taille à rivaliser avec le chef-d'œuvre d'un maître tonnelier !

Bernard Chwartz exerce à Toulouse comme notaire, une confortable charge qui, par tradition, n'a jamais boudé les plaisirs temporels. Au XIXe siècle, c'eût été un pléonasme que d'écrire *notaire gastronome.*

Par son art de vivre, sa passion des collections, sa bravoure à table, son inclination à l'abondance, par le raffinement de son goût, l'homme appartient encore à ce siècle-là, celui de Dumas, Monselet, Janin et du baron Brisse, un siècle où une ordonnance contre la goutte valait un diplôme ou une décoration.

Son histoire d'amour avec le vin ne date pas d'hier. Son père, médecin toulousain fou de vins de Bourgogne, l'avait initié dès l'enfance aux splendeurs des vougeot, chambertin, volnay, corton, montrachet et meursault, triomphales bouteilles qui rutilaient les dimanches sur la nappe familiale. Jeune conscrit verni, Bernard fut incorporé dans une caserne de Dijon. Il coula ses permes chez les vignerons ou sur le terrain de rugby avec l'équipe de Nuits-Saint-Georges. C'était au début des années 60.

Devenu prospère, le joyeux tabellion visite d'autres vignobles, en Bordelais et sur les rives de la Loire et du Rhône.

En 1978, sélectionné lors d'un concours du *Figaro*, il participe à la finale d'une dégustation France-Angleterre. Réalisant alors qu'il manquait de maîtrise scientifique et technique, il s'inscrit comme auditeur libre à l'Ecole œnologique de Toulouse et assiste aux cours de dégustation de Blandin, meilleur sommelier de France cuvée 1966. Sa persévérance lui vaut un premier prix au concours de Meilleur Sommelier Amateur, Région Sud-Ouest.

En 1980, son violon d'Ingres se fait *appassionato furioso* lorsque tombe entre ses mains un catalogue de vente de livres anciens consacrés au vin. Il fait ses premiers achats, et ce fut l'engrenage. Pour ce chineur infatigable, sollicité voire courtisé par les libraires, ce qui était un aimable passe-temps devient une passion. Au bout de vingt-deux années de recherches frénétiques et d'acquisitions, Bernard Chwartz a su constituer la plus phénoménale bibliothèque œnologique que je connaisse : plus de huit mille volumes sur le vin dans tous ses états : *« de vigne en terre, la voilà la jolie vigne »* jusqu'au vin en bouteilles, la culture œnologique de l'Antiquité aux temps modernes : littérature et chansons, maladies et soins, sermons et facéties, confréries et fêtes, monographies de crus, publicités, manuscrits, documents historiques, publicités et affiches…

Sur d'autres rayonnages, dans ses caves, le voluptueux agathopède soigne aussi quinze mille bouteilles de toutes provenances ainsi qu'un régiment de fûts où respirent plus de quatre mille litres de cognacs et d'armagnacs. Mais comme tout cela ne suffisait pas à son bonheur et qu'il songeait aussi à gâter ses amis, il voulut sa propre vigne. Depuis

1993 (son premier millésime) il produit, admirablement vinifiés par Jean-Paul Brun, un beaujolais rouge irréprochable, ainsi qu'un blanc plein de tact, la *Cuvée Catherine*, hommage à une épouse outrageusement actéonisée non seulement avec le fringant Dionysos mais encore avec tous les libraires de France et d'ailleurs.

Bernard Chwartz est un des plus merveilleux exemples de fraternité que je connaisse. Je dois à cet ami fidèle et discret quelques beaux arcs-en-ciel pendant des périodes sombres.

Avec le blues, mon âme se fait volontiers buveresse. J'en connais qui par cafard achètent une nouvelle voiture, s'inscrivent à un club de parachutistes ou passent des nuits entières à déplacer les meubles de leur salon. Moi je câline ma neurasthénie en passant une commande de douze cartons de vin à l'un ou l'autre de mes amis viticulteurs.

★

Les vignerons sont des bienfaiteurs de l'humanité, des trésors nationaux qu'il faudrait honorer au même titre que les musiciens, les peintres ou les poètes. Je les regarde comme des confrères tant les affinités sont criantes entre l'homme du livre et celui du vin. Une année de labeur patient, de soins méticuleux, les mêmes inquiétudes pendant la gestation, des orages, des coups de grêle, des gelées tardives, des périodes de sécheresse… Taille, désherbage, amendement, biffures, rectifications sont des besognes que le vigneron et l'écrivain accomplissent également jusqu'au moment de la mise en bouteille ou du brochage. Les livres paraissent enfin et les étiquettes sont collées. Dans les deux métiers, il est question de tirage. Et puis, l'enfant vous échappe, les critiques encensent ou éreintent, c'est le succès ou la déconvenue. Foires et salons, distributions de prix et de médailles, traductions en langues étrangères et exportation. La mise en vente d'un millésime, c'est la rentrée littéraire des vignerons. Les buveurs et les lecteurs attendent la nouvelle cuvée. Avec les années, certains se fidélisent, les déçus se détournent et reviennent parfois.

*

Les civilisations anciennes considéraient la vigne comme un être vivant doté d'intelligence et de sensibilité. La circulation de la sève se faisait par force de l'âme attractive, âme végétative ou naturelle, la *psyché botaniké*. Dans les *Géoponiques* on trouve traces de cette âme sensitive du végétal. Cette attribution d'un affect au végétal entraînait à une éducation morale, voire à un châtiment si, par mauvaise volonté, la plante ne donnait pas à son maître ce qu'il était en droit d'attendre de ses soins assidus. Aussi arrivait-il qu'on traitât par intimidation celle qui ne donnait pas assez de grappes. On menaçait le cep avec une hache : « Je vais te couper si tu persistes à donner si peu. » Un intercesseur intervenait alors : « Laisse-le vivre. Je suis sûr qu'après ces menaces il te procurera du fruit l'an prochain ! » D'après Ibn Wahschiah, auteur de la fameuse *Agriculture nabathéenne*, un traité qui remonterait à Nabuchodonosor, le procédé était efficace. Mais pour obtenir de la vigne une soumission aussi raisonnable, il fallait répondre aux besoins des *affinités sympathiques* de son âme sensitive. *Le livre d'agriculture (Kitab al-felahah)* rédigé au XIIe siècle par Ibn al-Awam, un agronome arabe de Séville, donne des instructions très précises sur ces affinités. Il conseille de planter des jujubiers non loin des ceps « car, de l'un à l'autre de ces végétaux, il y a un mode de sympathie pareil à celui qu'éprouve un homme pour une belle femme. La vigne s'attache à lui et l'aime avec passion, le souffle de l'un prête de la force à l'autre ».

De curieuses pratiques superstitieuses sont décrites dans ce livre, des cérémonies que la plupart des traducteurs ont hésité à transcrire. Elles trouvent leur origine dans les rites sexuels du culte de Bacchus. Moïse a formellement interdit ces opérations aux Hébreux, par respect pour les commandements dictés au Sinaï. Voici la recette pour réussir une greffe. Dans sa traduction française d'Ibn al-Awam donnée en 1864, Monsieur Clément-Mullet a tourné ce passage en latin. Moins bégueule que ce moraliste, je vous le remets en français : « Si tu veux réussir une greffe, choisis une belle et mignonne vierge, la plus belle que tu puisses trouver. Conduis-la par la main vers la vigne. Porte le greffon sur le sujet et prépare le rameau à greffer à côté duquel se tient la vierge. Celle-ci enlèvera sa robe pendant que tu quittes tous tes vêtements. Ensuite force-la franchement, fais-la femme en même temps que tu insères le greffon dans la fente qui lui était destinée. Aie soin que le greffon s'arrête bien en place au moment où se mêlent vos liqueurs séminales et ne perds pas possession de celle qui était vierge avant que la greffe soit bien finie. Mieux tu auras fécondé ton sujet et plus beaux seront les raisins. » Le perforant vigneron ajoute cependant que la pucelle doit s'y prêter de bon cœur et qu'il ne faut surtout pas la forcer.

Fréquentes au début de la civilisation chaldéenne, les pratiques culturales faisant appel à la sensualité se sont éteintes avec les progrès de la science botanique et agronomique. Le correctif a évincé l'érectif. L'homme progressif a étouffé la volupté qui présidait aux jeux d'Isis, aux jours de Saturne et aux fêtes du Phallus. Les chimistes remplacent les satyres et les ceps drageonnent au viagra ! *Quid faciant di, ubi sola pecunia regnat ?*

Mais le Grand Pan n'est pas mort, sa puissance féconde sommeille encore dans les flancs brûlés d'amour des collines vineuses, dans la terre en gésine et dans les méandres des vallées. C'est son âme immortelle qui souffle dans la fraîche brise du matin et dans le vent tiède des nuits. Génie tumultueux de la nature sauvage, il est le dieu orgiaque des hymnes orphiques, celui qui fait naître tout, qui engendre tout. Les vignerons l'ont écarté au profit de saint Vincent. Patronage factice, car le diacre martyrisé par le gouverneur Dacien n'a jamais taillé de sarment. Si les confréries de vignerons ont enguirlandé Vincent de pampres et de grappes, c'est uniquement parce qu'ils ont trouvé *vin* dans son prénom. Une fantaisie étymologique à la Jean-Pierre Brisset, le génial inventeur de la « Grande loi ou Clef de la Parole ».

Pan est en vie ! Sa force vermeille et sauvage se perpétue dans ceux que rien n'entrave. Mon ami Didier Dagueneau, vigneron à Saint-Andelain, n'a jamais résisté au grand appel panique. Est-ce qu'il entraîne des vierges consentantes dans ses vignes pour de mystérieuses conjonctions ? Ses bottes cachent-elles des pieds fourchus ? Je le rêve, Faune premier dans un vigneau sous la lune, folâtrant avec un cortège de bacchantes, de satyres et de ménades. Je l'imagine fécondant les arçons avec sa propre sève en chantant les joies impérissables et les souveraines lois de la vie, de l'air, de l'eau et de la terre. Divagations d'écrivain exalté par le sauvignon que tout cela ! Ici le pouilly est fumé et les vapeurs musquées de ce coquin de vin troublent parfois les rêveries les plus innocentes.

Didier est surgeon d'une ancienne dynastie vigneronne : Léon et Léontine, ses bisaïeuls, étaient de grands vignerons ; le grand-père Louis était un bon vigneron, un artisan rigoureux. Quant à son père, Didier le qualifie de vigneron héréditaire, un euphémisme narquois pour déjouer quelques conflits œdipiens datant de l'adolescence.

Le garçon a poussé dans les vignes comme un gaillet, petite herbe sauvage que les profanes regardent comme de la mauvaise graine. « Odeurs, saisons, couleurs ! J'ai grandi avec ces seules références » m'a-t-il confié lorsque je l'ai interrogé sur son enfance à Saint-Andelain dans les années 60. Un été, on l'envoya en colonie de vacances à Arleuf, un village de petite montagne dans la forêt du Morvan, près de l'énigmatique mont Beuvray.

Bibracte n'est pas très éloigné de Pouilly-sur-Loire, mais pour l'adolescent, ce premier voyage devenait odyssée, expédition au Klondike. Depuis cet été-là, il n'a jamais résisté à l'appel des forêts. En toutes saisons, il rôde dans celles du Gâtinais et du Nivernais, pour cueillir l'aspérule odorante, le cèpe ou l'ail des ours. Et quand vient la bise, il emmène vers les neiges du Septentrion une horde de chiens de traîneau aux yeux bleus comme les siens. Didier Dagueneau est un grand caractère. Il fascine par un charme très particulier, un assemblage surprenant de sauvagerie fauve, hirsute, et d'élégance aristocratique comme on en trouvait chez certains paysans d'autrefois. Je ne crois pas qu'il ait gardé beaucoup d'illusions sur la vie, la nature humaine, l'avenir des grillons domestiques, la paix universelle ou l'immortalité de l'âme, mais je n'ai jamais rencontré d'adulte ayant à ce point conservé ses capacités d'émerveillement. Il aime la littérature passionnément et, pour lui prouver son amour, lit beaucoup de livres, des romans dans lesquels il se retrouve et des poèmes comme il en aurait composé s'il avait tété au Pinde ; il aime les femmes passionnément et, pour leur prouver son amour, leur fait des enfants, plein d'enfants. Sa fertilité est jupitérienne. Il aime ses amis et leur ouvre largement son cœur, sa maison, sa cave. Pour eux, il organise plus de fêtes que l'année ne compte de dimanches : des Saint-Cochon, Saint-Vincent, Saint-Andelain, Saint-Médard et Saint-Frusquin, anniversaires, clôtures de vendanges, fins de taille, une fête pour Chef Joseph, l'Indien Nez-percé de l'Idaho, une autre pour Che Guevara, des célébrations pour le retour des hirondelles et des morilles, des bacchanales, lupercales, saturnales et vulcanales, des épiphanies et des chandeleurs, et d'autres encore, moins calendaires, pour le seul plaisir de faire la java.

Chez Didier, on chante en levant le coude,

comme on le faisait en Alsace autrefois. Cette coutume me réjouit. Enfant, c'est à l'église et au cabaret qu'on m'a appris la musique. Cantiques et chansons à boire ! J'ai grandi comme un lys des champs entre eau bénite et eau-de-vie. La musique et la vigne sont liées depuis toujours. La vérité sort peut-être du puits, mais la musique sort incontestablement du tonneau. Dans toutes les civilisations antiques, on a chanté pour les vendanges. L'essentiel du répertoire profane consiste en airs à boire : goguettes et caveaux, sociétés badines, Desaugiers, Debraux, Piron, Collé, Vadé et Gouffé, Bourguignons salés, *Buvons un coup, buvons-en deux, La voilà la jolie grappe, Trink, Brüderlein trink, Ah le petit vin blanc, Il aime à rire, il aime à boire, il aime à chanter comme nous*… Au XVIIe siècle, une chanson quelque peu sacrilège change les chevaliers du cycle arthurien en joyeux ivrognes. La sainte coupe du Graal devient un hanap dans lequel les chevaliers de la Table ronde goûtent pour « voir si le vin est bon ». Cette table ronde me rappelle une calembredaine alsacienne que les buveurs proféraient en chœur en tapant du bock sur la table : *« M'r setze am e runde Desch, und süffe bis'r eckig esch »*, ce qui pourrait donner en français de Bourgogne : « A la table ronde sommes assis, et lapons jusqu'à ce qu'elle soit équarrie. »

Poivrades alsatiques, palus bretons ou pistaches bourguignonnes, je n'ai jamais vu de table s'équarrir sous la pression des panses. En revanche, lors de ribouldingues chez le Didier, j'ai vu s'arrondir des types très carrés.

Ne me demandez pas d'analyser les vins de mon ami avec le jargon quintessencié des experts, piqueurs, dégustateurs, critiques et bobardiers de revues œnologiques. Cette langue m'est étrangère et si je n'ai jamais fait d'effort pour l'apprendre, c'est que je n'en ai pas l'usage. Quel cinglé sortant des bras de sa maîtresse ou de son amant se casserait à analyser la composition chimique des humeurs, odeurs, salive et sueur de l'être aimé ? Décrire un vin équivaut à décrire un nuage. Ce qu'on peut écrire à un moment précis sur une bouteille que l'on boit, ne vaut que pour cette bouteille-là, ce jour-là. Le pur sang, le silex, le domaine renard et l'astéroïde de Didier Dagueneau sont des vins que j'aime d'amour. Si j'ai rendez-vous avec l'un d'eux, je trépigne tout l'après-midi comme pour une aubade. Pour moi, ce sont les meilleurs sauvignons au monde. Cela dit, je n'ai pas tout essayé et ne demande qu'à m'instruire.

Il y a quelques années, j'attendais une table au bar d'un restaurant de Philadelphie. A un jet de siphon de mon tabouret, un jeune type buvait en solitaire une bouteille de chablis français. Il avait l'air abordable comme une corvette. Sans attendre le troisième Martini, je suis passé à l'abordage. Il était sommelier dans un autre établissement de la ville et c'était son jour de congé. Je lui ai dit qu'il ressemblait à Monsieur Ganymède, l'échanson de l'Olympe.

« Mister Jupiter, I presume ? qu'il me fait en riant. »

Comme il n'attendait personne et que j'étais seul, nous avons décidé de joindre nos appétits.

Ce garçon était aussi calé en œnologie française qu'en mythologie grecque. Il raffolait de nos vins et connaissait tous les terroirs sans jamais avoir mis les pieds en France. Lorsque je lui ai dit que j'habitais la Nièvre, un département méconnu de la Région Bourgogne, ce fut l'extase.

« Comment ? Tu vis dans la Nièvre ? Mais c'est là qu'il y a mon dieu !

Un instant, j'ai cru qu'il parlait de Château-Chinon et de Mitterrand dont la présidence de style avunculaire avait quelque peu viré « grand architecte de l'Univers ».

— Tu es fou, je n'ai pas intéresse avec Monsieur Mitterrand. Mon dieu de Nièvre c'est Didier Dagueneau, le vin pouilly fumé. »

Devinez ce qui arriva lorsque j'ai confié à ce fervent que son dieu était mon poteau. Y a pas à dire, la religion ça a du bon dans certaines circonstances.

Philadelphie m'est chère depuis très longtemps. C'est la ville natale de W.C. Fields, un de mes philosophes préférés, qui détestait les enfants et l'eau. « Boire de l'eau ? disait-il – Jamais ! les poissons baisent dedans. » Fields détestait aussi Philadelphie. Je crois qu'il est enterré en Californie où sa pierre tombale dit : « J'aime encore mieux être ici qu'à Philadelphie. » S'il avait connu

Bruce McKittrick et Wendy Wilson, il se serait réconcilié avec sa patrie. Pour ces deux-là, que je chéris depuis vingt-cinq ans et qui me le rendent au centuple, je pardonnerais presque au Dieu véritable d'avoir créé l'Amérique. McKittrick est un remarquable libraire de livres anciens. Il est spécialisé dans les œuvres de l'humanisme européen, la Renaissance et la période baroque, et Mr. Bush n'est pas son cousin. Pour tenir jusqu'à la défaite des Républicains et se consoler des misères du temps, il boit de grands vins de France, d'Espagne et d'Italie. Je vous le disais : les vignerons sont les bienfaiteurs de l'humanité.

Depuis trois automnes, Dagueneau vendange aussi en Béarn. A-t-il sifflé du vin de messe dans sa jeunesse ? Je le vois mal en enfant de chœur. Mais, comme pour moi, il lui faut du liquoreux de temps en temps. Avec son ami Guy Pautrat, il vinifie en jurançon, à l'enseigne *Les Jardins de Babylone*. Le Grand Pan chez Sémiramis ! Voilà qui présage de babyloniennes orgies.

XVI

L'idée de cette fatrasie est née autour d'un vin gris chez Philippe Claudel. Après *Retour à Zornhof* je croyais mes comptes avec la Lorraine et l'Alsace soldés. Une longue absence et puis, à la parution du livre, quelques retours au pays. On m'a reçu et fêté avec des attentions, veaux gras, bouquets de roses et arrosages comme n'en reçoivent que les fils prodigues. J'avais oublié combien on était empressé à faire sauter les bouchons dans ces provinces hospitalières.

Lors de cette escale à Dombasle, Philippe m'a entraîné vers les collines, dans les vergers familiaux que les ouvriers de cette cité industrielle exploitent depuis des générations. En marge des ouches où s'alignent les mirabelliers, sur des lopins de friches couvertes de buissons, des vignes redevenues sauvages jaillissent entre les pierres, opiniâtres rejetons de ceps disparus depuis longtemps. Indésirables dans les vergers, quelques-unes de ces tenaces provignent en secret vers de petits maquis où s'enchevêtrent coudriers, aubépines, prunelliers, fusains, cornouillers et viornes et réussissent à enlacer ces halliers de leurs thyrses et pampres rebelles. J'avais rencontré des cousines américaines de ces sauvageonnes sur les gâtines du Michigan où leurs grappelettes bleues font les délices des gélinottes, grives et merles quand vient l'octobre. En flânant sur les sentiers de pierre et d'herbe, nous avons évoqué notre enfance lorraine, les traditions ébrieuses du terroir, les splendeurs et misères de la mine et de la sidérurgie et notre choix à tous deux de vivre en province.

Au cours du déjeuner, j'ai raconté quelques cuites anciennes et modernes. Claudel m'a suggéré d'en faire un livre. L'idée m'a plu. Après un roman mélancolique je ne demandais qu'à me divertir.

Quelques mois plus tard, j'ai entrepris cette narration en pensant à l'ami Claudel. Pour reprendre la formule de Kerouac dans

Satori à Paris, je dirai que « j'ai fait ce récit uniquement par amitié, ce qui est, parmi beaucoup d'autres, une définition (celle que je préfère) de la littérature ».

★

Mon itinéraire commence en Lorraine, avec l'eau-de-vie incunable du vieux Kurtz. Entendez *incunable* dans le sens étymologique *dans le berceau*. Le schnaps dans le biberon ! Est-ce un hasard si l'ivrognerie doit ses lettres de noblesse littéraire à la Lorraine ? Le premier livre français sur le sujet fut imprimé à Toul en 1612. Son titre est si resplendissant que vous m'en voudriez de ne pas le donner intégralement : *Discours de l'Yvresse et Yvrongnerie. Auquel les causes, nature, et effects de l'yvresse sont amplement deduictz, avec la guérison et préservation d'icelle. Ensemble la manière de carousser, et les combats bachiques des anciens yvrongnes. Le tout pour le contentement des curieux. Par J. Mousin Conseiller et Médecin ordinaire de son Altesse.*

Jean Mousin a vu le jour à Nancy en 1573.

Il est mort en 1645 dans sa maison de Buttégnemont où, pendant les trente dernières années, il avait vécu dans une « retraite philosophique » tout en soignant les malades qui frappaient à sa porte. Dans sa jeunesse, il avait étudié les belles-lettres et la philosophie à Cologne, puis la médecine à Paris. Les étudiants de la Renaissance pensaient que rien ne contribuait davantage à la formation de l'esprit que les voyages. Pour profiter des lumières de différents maîtres, Mousin fréquenta les universités les plus célèbres de France, d'Allemagne, d'Espagne et d'Italie. Il coiffa son bonnet de médecin à Padoue, puis retourna dans sa patrie où le duc Charles III de Lorraine le nomma son médecin ordinaire. Le duc Henri lui conserva les mêmes faveurs et lui accorda même des lettres de noblesse en 1608. Dans sa *Bibliothèque lorraine* (1751), Augustin Calmet signale Mousin comme un des meilleurs praticiens de son temps : « Quoique riche, il vivait fort simplement, sans faste, sans ambition, enfin en véritable homme de lettres ; il était très ennemi de toute charlatanerie et encore plus éloigné de ces bassesses qui se pratiquent par ceux qui ne peuvent captiver l'estime du public par leur propre mérite. Avec cette franchise et cette probité, il ne put manquer d'avoir des ennemis parmi ceux-mêmes qui avaient été ses amis à l'époque où il était inconnu du public. Ils lui suscitèrent du désagrément, nous n'en savons pas les circonstances, mais ce qui est certain, Mousin en fut si touché qu'il se retira de la ville pour mener une vie plus tranquille. »

Le traité sur l'ivrognerie est le fruit de cette paisible retraite. Le docteur Mousin est un médecin comme je les aime. Il cite plus volontiers Horace, Apulée, Plutarque, Tacite, Olaus Magnus et Du Bartas que les Pères de l'Eglise, se moque des astrologues, réfute souvent les péripatéticiens, et n'assomme jamais avec des leçons de morale ou d'abstinence. Mousin me plaît autant que le docteur Verdier, « mon médecin ordinaire » déclaré comme tel à la noiseuse Sécu. Cet excellent garçon s'occupe de mon foie et de ses alentours depuis des années et cela avec une tolérance qui frise le laxisme. Il nous arrive de comparer nos analyses. Il me déplairait d'avoir pour médecin un homme en meilleure santé que moi.

Mousin aurait aussi bien pu titrer son livre *Eloge du vin* : « … il n'y a plante dans le giron de la terre qui soit plus noble en son fruit, ni plus fructueuse en ses vertus, ni plus vertueuse en ses effets admirables que la vigne », déclare-t-il dès la page 2, avant de remercier Dieu, « le souverain médecin qui découvrit l'usage du vin à son bien-aimé le bon Patriarche Noé, comme le souverain Antidote et préservatif contre nos infirmités et le vrai viatique pour nous retirer en chemin épineux d'une vie si courte ».

La préface pinardière du Maréchal pour *Mon docteur le vin* disait assez platement ce que Mousin ourle ainsi : « Voulez-vous métamorphoser un grand poltron en un vaillant soldat ? Un Démosthène en un Thémistocle ? Ôtez-lui l'eau, et lui faites boire de bon vin, vous lui verrez changer son visage blême en une contenance fière et courageuse. Est-il question du subtiliser [rendre subtil] un esprit grossier ? De façonner un Xénocrate sur le moule d'un Aristote ? Il n'y a rien qui ait plus d'énergie pour cet effet que le bon vin. Suivez donc la pratique des poètes Eschyle, Aristophane, Anacréon, Ennius, et de beaucoup d'autres auxquels le vin apportait un esprit si assuré, une invention si gaie et délibérée, une veine si fluide qu'ils ne couchaient jamais si bien par écrit, que lorsqu'ils étaient remplis de l'influence de leur bon précepteur Bacchus. Car ayant le vin vertu d'échauffer le corps et l'âme, il déploie les plis de l'âme, rend le corps pénétrable et ouvre tous les pores… »

Le vin est panacée, « vraie thériaque du cœur (…), le plus assuré instrument de la génération. Il multiplie la semence, l'enfle et vivifie d'esprits frétillants, dispose la matrice à la concevoir et retenir (…) Allaitez-moi seulement le vieillard de bon vin vieil, et vous le verrez sain et gaillard rajeunir de jour à autre… »

Le thérapeute lorrain se soucie des ivrognes non point par vertu mais pour des motifs mécaniques. Il cherche les réponses aux divers problèmes engendrés par l'ébriété : pourquoi les objets immobiles semblent tourner en rond ? Pourquoi l'homme ivre pense que la tête lui tourne ? Pourquoi voit-il double ? Pourquoi bégaye-t-il ? D'où vient que le vin provoque parfois le sommeil et d'autres fois excite les veilles ? Est-il vrai que les enivrés de bière tombent en arrière et ceux qui le sont de vin en avant ? D'où vient que certains se désenivrent en buvant ? Le vin excite-t-il la luxure ? Mousin propose diverses recettes pour dessoûler le biturin : la vertu expultrice du vomissement, le clystère pour ceux qui ne peuvent gerber, l'arrosage du visage avec un mélange d'eau de rose et de vinaigre, la fumée d'herbe sèche qu'il faut insuffler dans les narines ou encore, son remède préféré, une nuit de sommeil, car qui s'endort ivre, se réveille sobre. Il préconise aussi le « poil de la bête », alias *rince-cochon*. Une de ses prescriptions me semble inédite : « Un autre moyen de guérir l'ivresse consiste à réveiller l'homme assoupi de vin en lui trempant quelque temps ses parties génitales et principalement les testicules dans l'eau la plus froide qu'ils peuvent avoir : il n'y a rien de plus aisé et le succès en est favorable. » La constitution des femmes n'étant pas idoine à recevoir ce remède, il conseille « une fomentation ou embrocation des mamelles» des pochardes avec du vinaigre très fort appliqué à chaud.

J'ai été déçu de ne pas trouver dans son livre une pratique lorraine qui était encore en usage dans mon enfance. Quand les maris rentraient saouls, les femmes les balançaient sur le fumier, nez dans le purin. Le gaz ammoniac qui en émane dissipe les brumes d'alcool aussi efficacement que les sels que respiraient les petites marquises à vapeurs avant de tourner de l'œil après un compliment. Je me rappelle une ferme du plateau où les mâles, le grand-père, le père et les trois fils alignés comme des anchois sur canapé, cuvaient régulièrement sur le fumier à l'heure où les paroissiens se rendaient à la première messe dominicale.

On ne s'ennuie pas avec l'ami Mousin. Malheureusement, seuls les bibliophiles fortunés peuvent se délecter des spiritueuses métaphores et des bigarrures lyriques dont s'orne la prose de ce baroque, car son livre ne fut jamais réimprimé. L'édition de Toul est fort rare, et par conséquent haultement salée. Cela dit, ce précieux volume ne coûte que le prix d'une méchante voiture de série ou celui de quatre caisses de vin avec étiquettes fanfaronnes.

★

Après le vin gris de Lorraine, les ors d'Alsace. Ce sera la dernière étape de cette petite odyssée. Ulysse en goguette, je retourne vers mon Ithaque natale pour retrouver un vieil amour. Il s'appelle riesling. C'est un vin princier, bizarrement méconnu de ceux qui ne sont pas nés dans la vallée du Rhin. Le riesling est complexe, à la fois voluptueux et cérébral; jeune il est sec et fleuri, en vieillissant il se fait onctueux. Mon ami Philippe Bourguignon, un sommelier dont les verdicts me sont évangile, a écrit : « Avec son goût minéral, il peut être pris pour un grand excentrique, un dandy en avance sur son temps, un précurseur de goût. Pour moi, le riesling est un très grand vin. Il apporte des saveurs inconnues et dépasse tous les autres vins blancs dans la perfection et l'originalité. Et s'il était le grand vin blanc du XXIe siècle ? » Un grand riesling demande un grand chef. Le mien s'appelle Michel Husser. Son restaurant, *Le Cerf* de Marlenheim, est ma table préférée d'Alsace, et peut-être bien de France. Il me suffit de lui annoncer : « Après demain, deux beaux flacons de riesling, peut-être trois, et trois ou quatre plats qui vont avec. Nous serons deux. » Lors de mon dernier passage, mon ami Tristan, un garçon totalement néophyte en cépage riesling car élevé au chardonnay et pinot bourguignons, a fait connaissance avec cet « or du Rhin » grâce à Frédéric Mochel cuvée Henriette 2001, josmeyer-wintzenheim grand cru Brand 1991, Clos St. Hune 1985 et trimbach cuvée Frédéric Emile 1986. Les connaisseurs apprécieront ce type de baptême.

⋆

Et maintenant, mes amis, je vous laisse à vos propres soifs, à vos ivresses et à vos gueules de bois. Je vous ai conté les miennes dans cette sotie bon enfant. Sur ma nef de fous et de folles, j'ai embarqué des poètes et des paysans, des vignerons et des ivrognes, des bonnes filles et de vilains garçons, des chanoines et des chiens, des barmen, toutes sortes de paroissiens de joie et de peine… et mon père. Le cul des bouteilles m'a servi de lorgnette et les verres à cocktails de kaléidoscopes. Disons que ma vision du monde est un peu trouble. Tant mieux ! Quand je verrai les choses comme elles sont réellement, il sera temps de tirer définitivement le rideau.

En attendant, je vais encore descendre dans ma cave. Pour arroser la fin de cette croisière, je choisis une bouteille de clos-rougeard, un saumur-champigny devant lequel certains bordeaux collet monté feraient bien de s'incliner. Je boirai à la santé de son vigneron, Nady Foucault, à celle de tous les vignerons, à la vôtre et aussi à la mienne. Je ne sais rien de plus rassurant qu'une carafe de cristal ventrue dans laquelle un vin adulte est en train de se dégourdir.

Achevé d'imprimer sur les presses de

BUSSIÈRE

GROUPE CPI

à Saint-Amand-Montrond (Cher)
en décembre 2006
pour le compte des Éditions Grasset,
61, rue des Saints-Pères, 75006 Paris.

Mise en pages : Bussière

N° d'édition : 14669. — N° d'impression : 064223/4.
Première édition, dépôt légal : août 2006.
Nouveau tirage, dépôt légal : décembre 2006.

Imprimé en France